MÉMOIRE
en Images

VÉLOS ET BICYCLETTES

Tenez-vous bien

MÉMOIRE

en Images

VÉLOS ET BICYCLETTES

Pierre Lorriaux

ALAN SUTTON

Dans la même collection

Automotrices et locomotives électriques de France
Autorails et michelines
Berliet – Une histoire industrielle lyonnaise
Dans le ciel Seine-et-Marnais
Dépôts et tenders de locomotives des compagnies françaises
Gabares de Basse Garonne
La belle époque de l'aviation
Les attelages en Pays de France
Les transports dans la vallée de la Fensch
Les transports en commun à Lyon
Le tramway de Royan à Ronce-les-Bains
Le Transibérien 1900-1916
Les débuts de l'automobile en Normandie
L'Ille-et-Vilaine de gare en gare
Limousines, torpédos et compagnie
Locomotives (1904-1930) I – Les photographies Fleury
Locomotives (1904-1930) II – Les photographies Fleury
Locomotives (1904-1930) III – Les photographies Fleury
Locotracteurs et draisines
Ports et gabares de Gironde
Reims – Un siècle d'aviation 1908-2008
Sur la ligne de Lison à Lamballe
Tacots, teufs-teufs et compagnie
Viaducs ferroviaires
Viaducs ferroviaires II
Voyage sur le Rhône – Fonds photographique Joseph Victoire
Wagons et voitures des compagnies françaises

De nombreux ouvrages ont été publiés.
Un catalogue de plus de 2 000 titres est disponible sur simple demande auprès de votre libraire ou aux Editions Alan Sutton.

Editions Alan Sutton
8, rue du Docteur Ramon
BP 90600
37542 Saint-Cyr-sur-Loire Cedex

Première édition 1er trimestre 2010

ISBN 978-2-8138-0172-2

ISSN 1355-5723

Dépôt légal : 1er trimestre 2010
Imprimé en France par Présence Graphique, 2 rue de la Pinsonnière, 37260 Monts

Sommaire

Bibliographie 6

Introduction 7

1. Fabrication et commercialisation 9

Les marques

Les accessoires

Les marchands de vélos

2. Un moyen de locomotion 53

Les utilisateurs

Le vélo et l'armée

3. Le cyclisme 81

Les courses et les clubs cyclistes

Le Tour de France

Les courses sur piste

Bibliographie

Godart Joël, Janssens Robert et Cammaert Guido, *Tour Encyclopédie*, Uitgeverij Worldstrips, 1997.

Bouly Jean, *Les Stars du Tour de France*, Bordas, 1990.

Chany Pierre, *La Fabuleuse histoire du cyclisme*, Editions ODIL, 1975.

Seray Jacques, *Deux roues, la véritable histoire du vélo*, Editions du Rouergue, 1988.

Introduction

Si l'avion, l'automobile et le train ont marqué le monde à tout jamais, le vélo a, lui aussi, changé la vie d'une population habituée à se déplacer tranquillement à pied, parfois à cheval, dans un périmètre forcément restreint qui se limitait le plus souvent aux villages voisins. Une fois de temps en temps, à l'occasion d'une foire, d'un marché, d'une fête, ou d'une cérémonie religieuse, on se levait encore plus tôt que d'habitude et l'on se mettait en route, dans la bonne humeur, pour le chef-lieu de canton, pour se rendre « en ville ». Ces sorties restaient exceptionnelles, l'occasion de retrouver des amis, des personnes que l'on n'avait pas vues depuis un bon moment, voire depuis l'année précédente, car se déplacer n'était jamais simple à la fin du XIXe siècle. Le village de naissance était souvent celui où l'on se mariait, où l'on faisait sa vie.

Et puis est arrivé le vélo.

Une arrivée bien discrète dans un premier temps, de drôles de machines imaginées par de curieux individus soucieux d'aller plus vite, de profiter des bienfaits de la roue. Dans un premier temps, une sorte de cheval de bois monté sur roues que l'on fait avancer avec les pieds. Un engin imaginé en Allemagne mais qui fera des émules en France, en Angleterre puis dans toute l'Europe. Un appareil plutôt instable, délicat à manœuvrer, et sur lequel on ne sait pas quoi faire de ses jambes quand la route descend. Un bricoleur avait eu l'idée de créer des repose-pieds qui furent ensuite remplacés par des pédales destinées à actionner la roue avant, une innovation du Français Michaux qui donnera un nouvel essor à cette machine que l'on n'appelle pas encore « vélo », cependant, le mot *bicycle* commence à apparaître en Angleterre. Avec les pédales, un drôle de dispositif au maniement très délicat apparaît, le grand-bi avec sa roue avant de près de deux mètres de diamètre sur laquelle il faut d'abord se hisser puis pédaler, tout en restant en équilibre, notamment dans les virages, sans parler des descentes... Déjà les utilisateurs sont nombreux, mais, un peu partout, des bricoleurs – souvent de génie – cherchent des améliorations. Certains ont l'idée d'utiliser la chaîne comme transmission entre la pédale et la roue, l'occasion d'améliorer les qualités du vélocipède, d'aller toujours plus vite, toujours plus loin, l'occasion de se lancer de nouveaux défis entre hommes, car, dans un premier temps, les femmes n'ont pas leur place dans le petit monde de la vélocipédie.

La première course cycliste se dispute entre Paris et Rouen, suivie de bien d'autres plus ou moins importantes mais toujours relatées dans les journaux locaux et surtout dans les revues spécialisées très nombreuses à l'époque. Immédiatement, les industriels, flairant le bon filon, se lancent dans la fabrication du vélo. Les marques se comptent par centaines, certaines se spécialisent dans les accessoires, du guidon à la selle, des moyeux aux garde-crotte, de l'éclairage aux sonnettes, tous font appel à la réclame pour vanter leurs produits, ce qui nous donne des affiches et des cartes publicitaires superbes, aux couleurs vives, signées des meilleurs artistes. La concurrence est rude, les prix baissent, et de plus en plus de Français s'offrent un vélo, l'occasion de découvrir une nouvelle liberté, d'explorer la campagne, mais aussi de réduire les distances. En ce début de XXe siècle, toutes les familles possèdent leur vélo, c'est tout simplement l'heure de gloire des vélos et bicyclettes.

1

Fabrication et commercialisation

Les marques

MANUFACTURE FRANÇAISE D'ARMES ET CYCLES DE SAINT-ÉTIENNE
Les Visiteurs à la Manufacture

Le vélo tel qu'on le connaît aujourd'hui a mis presque un demi-siècle pour trouver sa forme définitive. Les toutes premières machines, apparues au début du XIXe siècle, ne comportaient pas de pédales. Il s'agissait d'une sorte de monture que l'on actionnait avec les pieds posés à terre, de chaque coté de l'engin appelé « draisienne », du nom de son concepteur l'ingénieur allemand Karl Drais. Cette machine rudimentaire évolua avec la création de la pédale, que l'on doit à Pierre Michaux. A l'origine, dans les années 1860, les pédales étaient fixées sur la roue avant. Une dizaine d'années plus tard, la transmission par chaîne fit son apparition sur la roue arrière. Autre amélioration déterminante, le pneu, tout d'abord plein, puis bientôt rempli d'air, une invention attribuée au Britannique Dunlop, mais sans doute à tort. Toujours est il que cette nouveauté apporta un énorme confort aux amateurs de bicyclette et son développement ne fit que croître au fil du temps.

Au début du XXe siècle, les fabricants de vélos se démultipliaient, souvent de petits établissements, mais parfois de nettement plus importants, telle la Manufacture d'armes et de cycles de Saint-Etienne dont tout le monde connaît le célèbre catalogue et ses milliers de références.

113 SAINT-ETIENNE — Industrie et Commerce, Manufacture Française d'Armes et de Cycles, Hall du Service Technique, Cycles. CC.

Saint-Etienne est l'une des capitales françaises du cycle et la production de la Manufacture ne cesse de se développer, les ateliers tournent à plein régime pour produire des milliers de bicyclettes qui seront ensuite vendues dans la France entière grâce à un réseau particulièrement bien structuré.

MANUFACTURE FRANÇAISE D'ARMES ET CYCLES DE SAINT-ÉTIENNE
Atelier de Montage des Cycles « HIRONDELLE »

A l'époque, on ne connaît pas encore les matériaux composites; les cadres des vélos sont fabriqués avec des tubes d'acier provenant de diverses fabriques françaises ou étrangères. On recherche déjà les tubes les plus résistants mais aussi les plus légers car, c'est bien connu, l'ennemi du cycliste, c'est le poids.

MANUFACTURE FRANÇAISE D'ARMES ET CYCLES DE SAINT-ÉTIENNE
Machines a centrer les roues et a assembler les cadres de bicyclettes

Un vélo, c'est aussi deux roues, et monter une roue s'avère être un exercice difficile et délicat car elle doit tourner rond. Tout cela dépend d'un rayonnage réussi, les rayons doivent être tendus de façon régulière pour éviter les ruptures car un seul rayon cassé et c'est une roue voilée.

MANUFACTURE FRANÇAISE D'ARMES ET CYCLES DE SAINT-ÉTIENNE
Atelier de Polissage

Une fois les cadres brasés, il reste à assembler toutes les autres parties du vélo : pédalier, guidon, freins, garde-boue, éclairage, et, à cette époque, les systèmes étaient nombreux : à bougie, à acétylène… Tous ces accessoires étaient fournis par de petites entreprises locales et distribués par les grossistes.

Au début du XXe siècle, les fabricants de vélos sont très nombreux et leur production plus ou moins importante, de quelques dizaines à des milliers de pièces par an. Bien souvent, les petits constructeurs locaux sont des bricoleurs de génie qui proposent des astuces, fruit de leur imagination ou expérience.

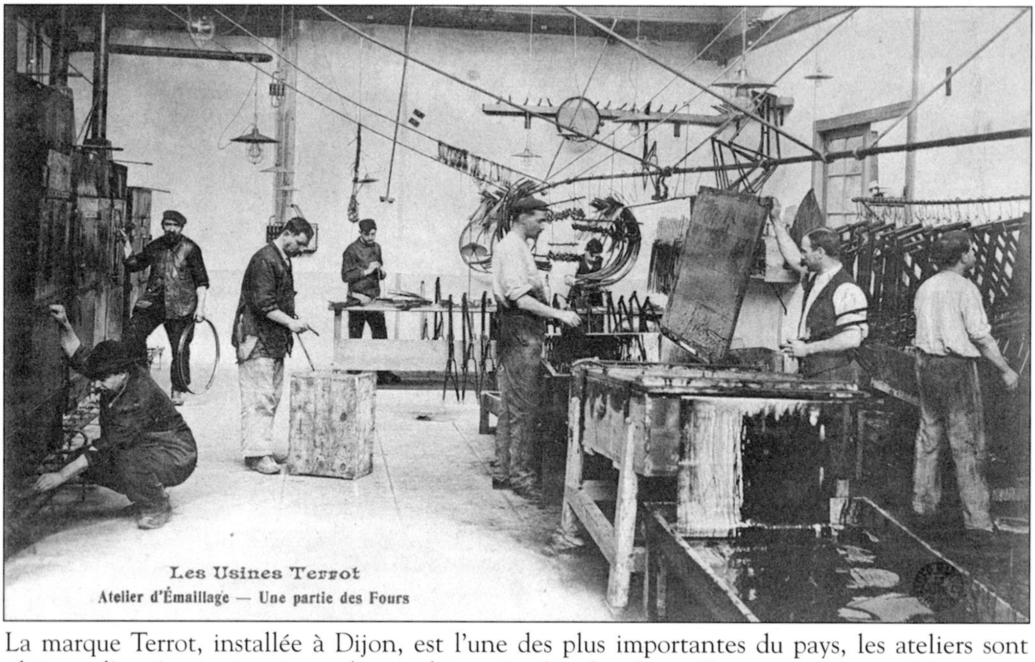

La marque Terrot, installée à Dijon, est l'une des plus importantes du pays, les ateliers sont pleins et l'on s'active à préparer les machines. Ici, l'atelier d'émaillage, une finition délicate car l'émail était cuit au four et demandait un grand savoir-faire.

Les cadres étaient brasés un à un. La soudure des tubes d'acier provoquait de petites coulées éliminées par un limage énergique de façon à ne laisser apparaître aucune aspérité.

Une fois le cadre brasé, il fallait alors assembler toutes les pièces du vélo. Monter la fourche, poser l'ensemble pédalier-manivelles-pédales, installer les freins et ajuster les roues. Un travail vraiment minutieux.

Agents, Touristes, Coureurs

c'est le moment
de vous rappeler que la grande marque française

USINES DE FERRIÈRE-SOUS-JOUGNE (DOUBS)

ALCYON

En 5 ans

ALCYON

a gagné

Quatre fois le Tour de France

Quatre fois le Tour de Belgique

Quatre fois Bordeaux-Paris

Quatre fois Milan-San Remo

Trois fois Paris-Tours

Deux fois Paris-Roubaix

En 1913

Defraye
gagnant des Tours de France et de Belgique (1912)

Garrigou
gagnant du Tour de France (1911)

Pélissier
gagnant de Milan-San Remo (1912)

Masselis
gagnant de Paris-Menin (1912)

L. Heusghem
gagnant de Paris-Tours (1912)

Verschoore
champion de Belgique (1912)

Vandenberghe
gagnant du Tour de Belgique (1911)

G. Cadolle — Wauters
Haindon — Rossius

monteront la Bicyclette

ALCYON

(Pneus SOLY - Jantes BASTIDE)

à laquelle ils doivent leurs succès

dont les usines modèles produisent annuellement plus de **50.000 machines**
est la seule qui, depuis sa création
ait pris part à toutes les grandes batailles de la route

ALCYON, 40 à 52, rue de la Garenne, à COURBEVOIE
Vente au détail : 32, avenue de la Grande Armée, Paris et chez les principaux marchands de cycles
AGENTS GÉNÉRAUX POUR LA BELGIQUE : Agence ALCYON, à Bruxelles, Pierre CNOPS, directeur, 1, rue d'Artois ; Richard BONTE, à Moorslède
Agents pour l'Italie : MM. CESERANI frères, à Caravaggio — Agent à Genève : M. Marcel LEQUATRE, 3, rue d'Italie
Agent à Alger : M. VILLA, 25, boulevard Carnot

Visite du Président de la République au Stand **ROCHET** (Salon du Cycle 1906)

Etant donné le succès remporté par le vélocipède, des salons du cycle voient le jour un peu partout en France. Celui de Paris est bien sûr le plus vaste, et toute la capitale s'y presse pour y découvrir les nouveautés. Le président de la République, venu pour l'inauguration, fait un arrêt sur le stand des cycles Rochet.

Tous les grands fabricants et accessoiristes se retrouvent régulièrement dans ces salons où cycles et automobiles font bon ménage. Certains constructeurs ont parfois plusieurs cordes à leur arc. C'est le cas de Terrot, la firme dijonnaise, qui fabrique des motos, ou de Peugeot, constructeur de voitures.

Lyon, capitale des Gaules, emboîte le pas de Paris en créant son salon du cycle au grand palais de la Foire. La société lyonnaise Chimère en profite pour présenter ses dernières créations, dont une trottinette Universal démontable et pliante.

Sur tous les stands, on rivalise d'ingéniosité pour présenter ses plus belles créations, on soigne la présentation, les chromes sont astiqués, et les visiteurs peuvent apprécier la superbe machine présentée par la firme Pries & Germain de Vincennes.

Nous sommes toujours à Paris, à l'Exposition internationale de l'automobile de 1905. Les bicyclettes Labor présentent, au premier plan, un tandem ; au centre, une affiche rappelle les performances des coursiers équipés par la marque.

A cette époque, les vélos font bon ménage avec les autres moyens de locomotion, et lors de l'exposition automobile agricole de Bourges, les cycles Marcelle présentent leurs machines et rappellent qu'ils sont spécialisés dans le décolletage et le travail de tour.

Constructeurs industriels comme artisans ont besoin de se faire connaître. Les salons du cycle qui fleurissent un peu partout sont une très bonne occasion. J. Hunter, artisan parisien installé 90 boulevard de Ménilmontant, y vante les mérites de ses vélos : légèreté, solidité, élégance.

Les cycles Manon, situés 17 rue du Débarcadère à Paris, présentent leurs dernières créations à l'occasion du Salon de l'automobile en décembre 1906. Un stand où le décor a été particulièrement soigné, comme en témoignent ces superbes tentures.

Pour faire connaître leur participation au Salon, l'entreprise des cycles Louis Clément, de Boulogne-sur-Seine a distribué massivement une carte publicitaire rappelant ses coordonnées sur place, une carte dessinée par l'illustrateur Regar.

Celle des cycles Plasson, installée dans le VIIIe arrondissement de Paris, au 41 rue des Cloys, a choisi la même stratégie mais présente son stand.

Participer aux plus grands salons, c'est l'occasion de se faire connaître du grand public, reste ensuite à conclure les ventes ; certains marchands possèdent une piste d'essai. C'est le cas du magasin Crespin-Dufayel, boulevard Barbès à Paris.

Si les constructeurs de vélos sont souvent des mécaniciens de génie riches de nombreuses compétences, ils doivent pour cela s'approvisionner en accessoires chez les grossistes et fabricants de toutes sortes qui éditent toujours de superbes catalogues très illustrés, à l'image des établissements Motte et Cie installés à Levallois-Perret, en proche banlieue parisienne.

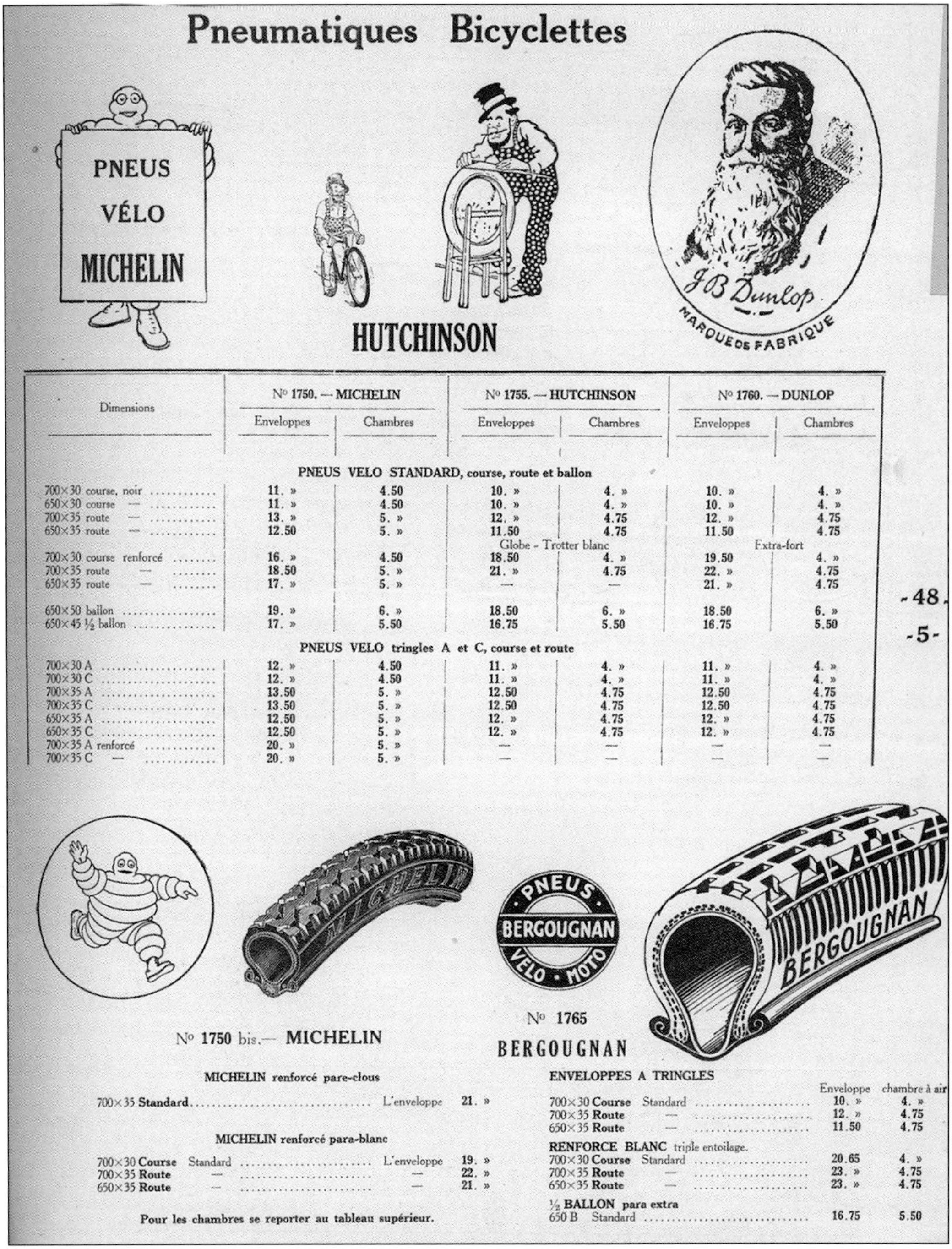

Pneumatiques Bicyclettes

Dimensions	N° 1750. — MICHELIN		N° 1755. — HUTCHINSON		N° 1760. — DUNLOP	
	Enveloppes	Chambres	Enveloppes	Chambres	Enveloppes	Chambres
PNEUS VELO STANDARD, course, route et ballon						
700×30 course, noir	11. »	4.50	10. »	4. »	10. »	4. »
650×30 course —	11. »	4.50	10. »	4. »	10. »	4. »
700×35 route —	13. »	5. »	12. »	4.75	12. »	4.75
650×35 route —	12.50	5. »	11.50	4.75	11.50	4.75
			Globe - Trotter blanc		Extra-fort	
700×30 course renforcé	16. »	4.50	18.50	4. »	19.50	4. »
700×35 route —	18.50	5. »	21. »	4.75	22. »	4.75
650×35 route —	17. »	5. »	—	—	21. »	4.75
650×50 ballon	19. »	6. »	18.50	6. »	18.50	6. »
650×45 ½ ballon	17. »	5.50	16.75	5.50	16.75	5.50
PNEUS VELO tringles A et C, course et route						
700×30 A	12. »	4.50	11. »	4. »	11. »	4. »
700×30 C	12. »	4.50	11. »	4. »	11. »	4. »
700×35 A	13.50	5. »	12.50	4.75	12.50	4.75
700×35 C	13.50	5. »	12.50	4.75	12.50	4.75
650×35 A	12.50	5. »	12. »	4.75	12. »	4.75
650×35 C	12.50	5. »	12. »	4.75	12. »	4.75
700×35 A renforcé	20. »	5. »	—	—	—	—
700×35 C —	20. »	5. »	—	—	—	—

-48.

-5-

N° 1750 bis.— **MICHELIN**

MICHELIN renforcé pare-clous

700×35 **Standard**.............................. L'enveloppe **21. »**

MICHELIN renforcé para-blanc

700×30 **Course** Standard	L'enveloppe	**19. »**
700×35 **Route** —	—	**22. »**
650×35 **Route** —	—	**21. »**

Pour les chambres se reporter au tableau supérieur.

N° **1765**

BERGOUGNAN

ENVELOPPES A TRINGLES

	Enveloppe	chambre à air
700×30 **Course** Standard	10. »	4. »
700×35 **Route** —	12. »	4.75
650×35 **Route** —	11.50	4.75
RENFORCE BLANC triple entoilage.		
700×30 **Course** Standard	20.65	4. »
700×35 **Route** —	23. »	4.75
650×35 **Route** —	23. »	4.75
½ **BALLON para extra**		
650 B Standard	16.75	5.50

Pour équiper un vélo, le choix des pneumatiques est primordial mais également difficile tant les fabricants sont nombreux. Doit-on opter pour le pneu à tringle ou le boyau cousu, là encore rien n'est simple et les grands manufacturiers Michelin, Hutchinson et Dunlop se livrent une véritable guerre ; tous les arguments sont bons. Les établissements Jeanne et Philippe préfèrent dresser un tableau comparatif des prix dans leur catalogue.

Elément important du vélo : les pneus. De nombreuses marques voient le jour un peu partout, mais, à côté des manufacturiers importants comme Michelin et Dunlop, des entreprises plus modestes tentent de trouver leur place. D'après cette publicité, le pneu Ergot serait tout simplement increvable.

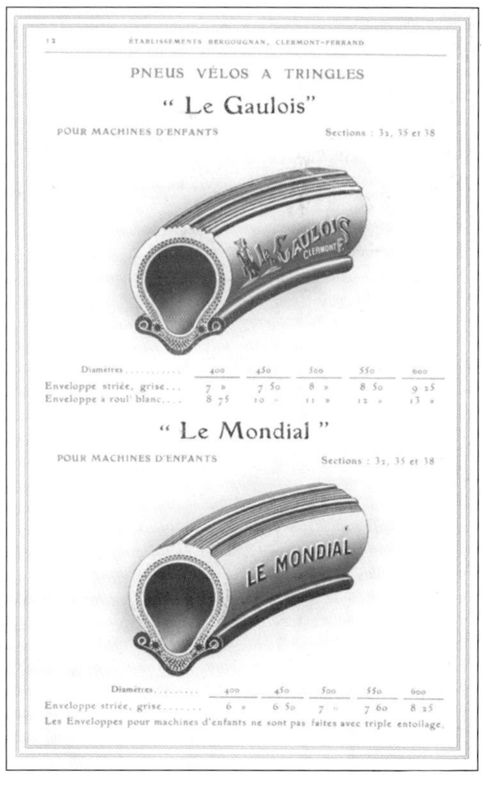

12 ÉTABLISSEMENTS BERGOUGNAN, CLERMONT-FERRAND

PNEUS VÉLOS A TRINGLES

" Le Gaulois"

POUR MACHINES D'ENFANTS — Sections : 32, 35 et 38

Diamètres	400	450	500	550	600
Enveloppe striée, grise	7 »	7 50	8 »	8 50	9 25
Enveloppe à roul' blanc	8 75	10 »	11 »	12 »	13 »

" Le Mondial "

POUR MACHINES D'ENFANTS — Sections : 32, 35 et 38

Diamètres	400	450	500	550	600
Enveloppe striée, grise	6 »	6 50	7 »	7 60	8 25

Les Enveloppes pour machines d'enfants ne sont pas faites avec triple entoilage.

Dans son luxueux catalogue, page après page, la firme Bergougnan, de Clermont-Ferrand, présente tous les différents modèles de pneus commercialisés pour les vélos.

Increvable, une qualité présente également chez Continental, le fabricant allemand de pneumatiques. Ce gentleman n'hésite pas à traverser un étal de vaisselle sans connaître le moindre problème, il est toutefois poursuivi par un policier soucieux de faire respecter les bonnes règles.

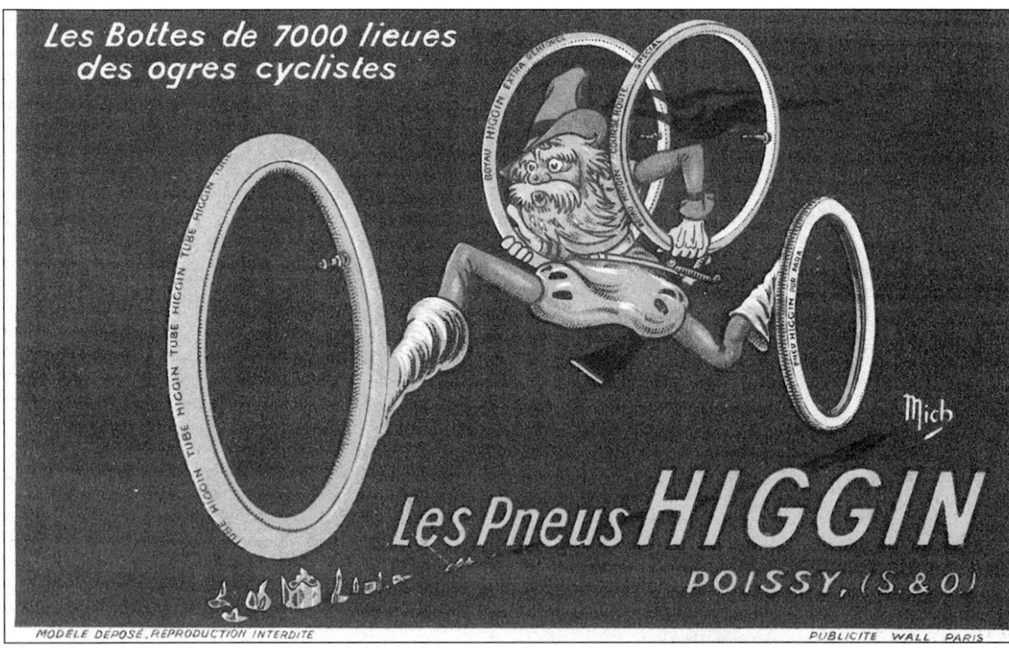

Le manufacturier Higgin, installé en région parisienne, fait appel à Mich, célèbre dessinateur, pour vanter les mérites de ses pneus, de véritables *« bottes de 7000 lieues pour les ogres cyclistes »*.

Pneu ou boyau, le choix est toujours difficile. Ici, la firme Russell fait également appel à un fameux dessinateur pour vanter le mérite de ses pneus.

La firme clermontoise Michelin fait elle aussi appel à un dessinateur de talent pour louer les mérites de ses pneus. Citation latine à l'appui, on voit apparaître le célèbre Bibendum qui deviendra l'emblème incontournable de la marque.

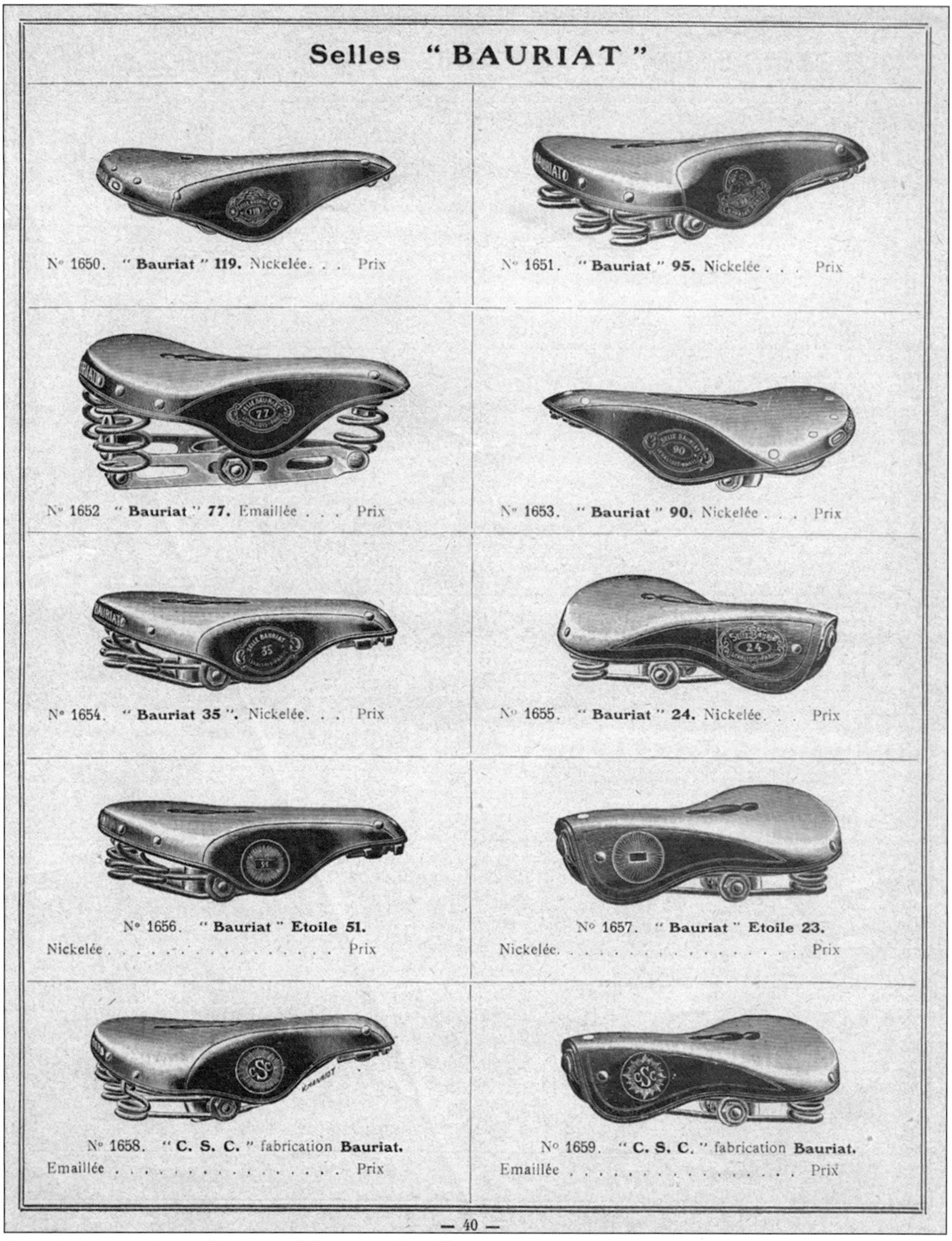

Selles " BAURIAT "

N° 1650. " **Bauriat** " **119.** Nickelée. . . Prix

N° 1651. " **Bauriat** " **95.** Nickelée . . . Prix

N° 1652 " **Bauriat** " **77.** Emaillée . . . Prix

N° 1653. " **Bauriat** " **90.** Nickelée . . . Prix

N° 1654. " **Bauriat 35** ". Nickelée. . . Prix

N° 1655. " **Bauriat** " **24.** Nickelée. . . Prix

N° 1656. " **Bauriat** " **Etoile 51.**
Nickelée . . . . Prix

N° 1657. " **Bauriat** " **Etoile 23.**
Nickelée. . . . . Prix

N° 1658. " **C. S. C.** " fabrication **Bauriat.**
Emaillée . . . . Prix

N° 1659. " **C. S. C.** " fabrication **Bauriat.**
Emaillée . . . . Prix

— 40 —

Extrait du catalogue Bauriat, fabricant de selles.

La selle est un élément important pour le cycliste. A cette époque, elles sont toutes en cuir, matière qui nécessite un gros entretien, notamment à l'huile de pied de bœuf pour l'adoucir et l'assouplir. La Maison Bauriat, sous le crayon de Mich, nous l'annonce plus douce qu'un oreiller…

Les selles Brown ne mettent pas en scène les cyclistes, elles préfèrent tout simplement nous montrer d'où vient leur cuir.

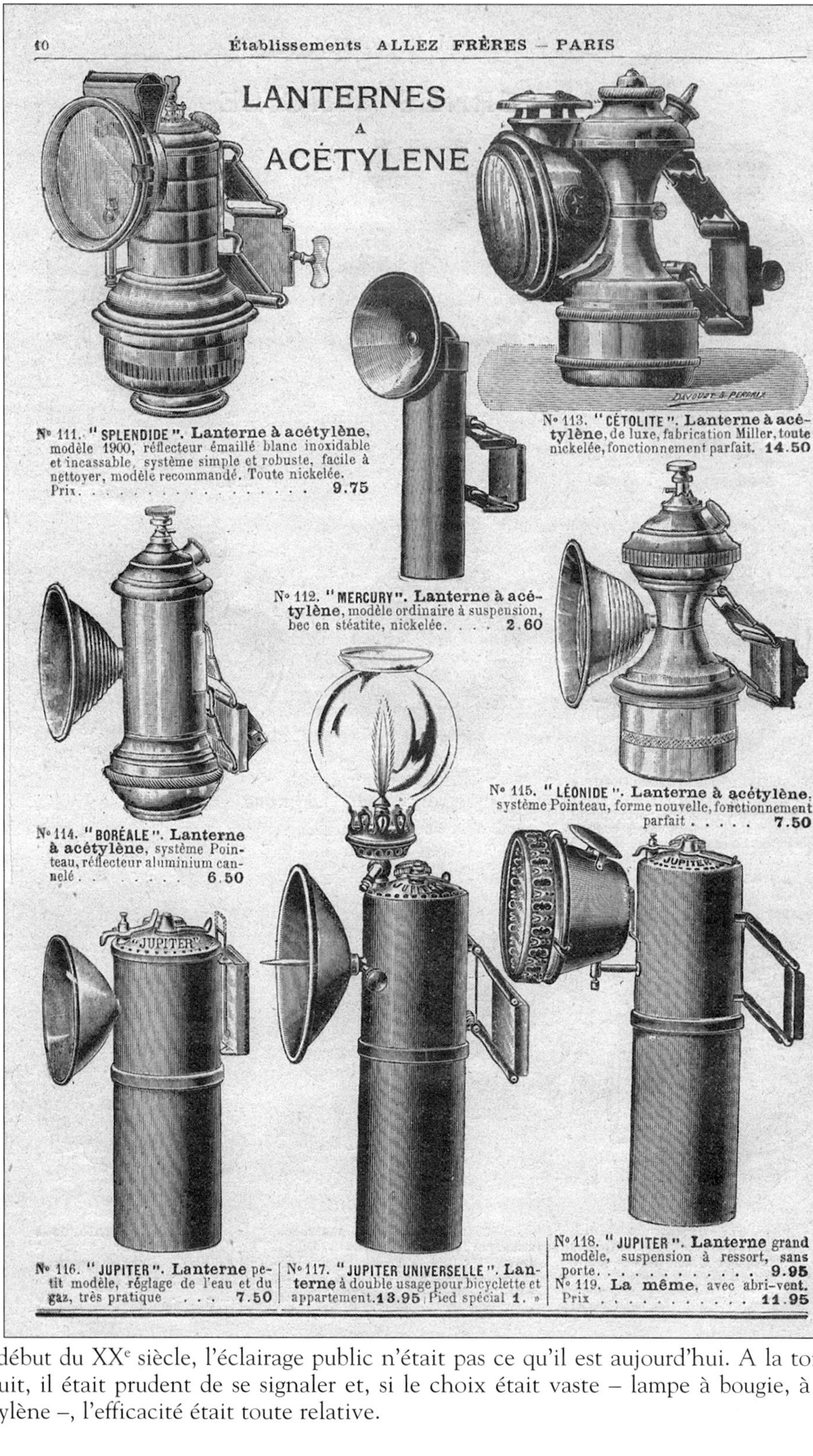

10 Établissements ALLEZ FRÈRES — PARIS

LANTERNES
A
ACÉTYLENE

Nº 111. " SPLENDIDE ". Lanterne à acétylène, modèle 1900, réflecteur émaillé blanc inoxidable et incassable, système simple et robuste, facile à nettoyer, modèle recommandé. Toute nickelée. Prix 9.75

Nº 112. " MERCURY ". Lanterne à acétylène, modèle ordinaire à suspension, bec en stéatite, nickelée. . . . 2.60

Nº 113. " CÉTOLITE ". Lanterne à acétylène, de luxe, fabrication Miller, toute nickelée, fonctionnement parfait. 14.50

Nº 114. " BORÉALE ". Lanterne à acétylène, système Pointeau, réflecteur aluminium cannelé 6.50

Nº 115. " LÉONIDE ". Lanterne à acétylène, système Pointeau, forme nouvelle, fonctionnement parfait 7.50

Nº 116. " JUPITER ". Lanterne petit modèle, réglage de l'eau et du gaz, très pratique . . . 7.50

Nº 117. " JUPITER UNIVERSELLE ". Lanterne à double usage pour bicyclette et appartement. 13.95 Pied spécial 1. »

Nº 118. " JUPITER ". Lanterne grand modèle, suspension à ressort, sans porte. 9.95
Nº 119. La même, avec abri-vent. Prix 11.95

Au début du XXe siècle, l'éclairage public n'était pas ce qu'il est aujourd'hui. A la tombée de la nuit, il était prudent de se signaler et, si le choix était vaste – lampe à bougie, à huile, à acétylène –, l'efficacité était toute relative.

Les fabricants de phares et lanternes ont à leur disposition plusieurs procédés pour éclairer la route. Les becs Bray, de fabrication anglaise, nécessitent de l'acétylène, un système pas très simple d'usage qui sera vite remplacé par la dynamo.

Rapidement, la dynamo fixée sur la fourche et dont la molette vient se poser sur le flanc du pneu remplacera tous les autres procédés. Plus tard, certains constructeurs installeront les dynamos sous la boîte de pédalier, la molette frottant sur la bande de roulement du pneu, mais ce procédé était peu fiable par temps de pluie.

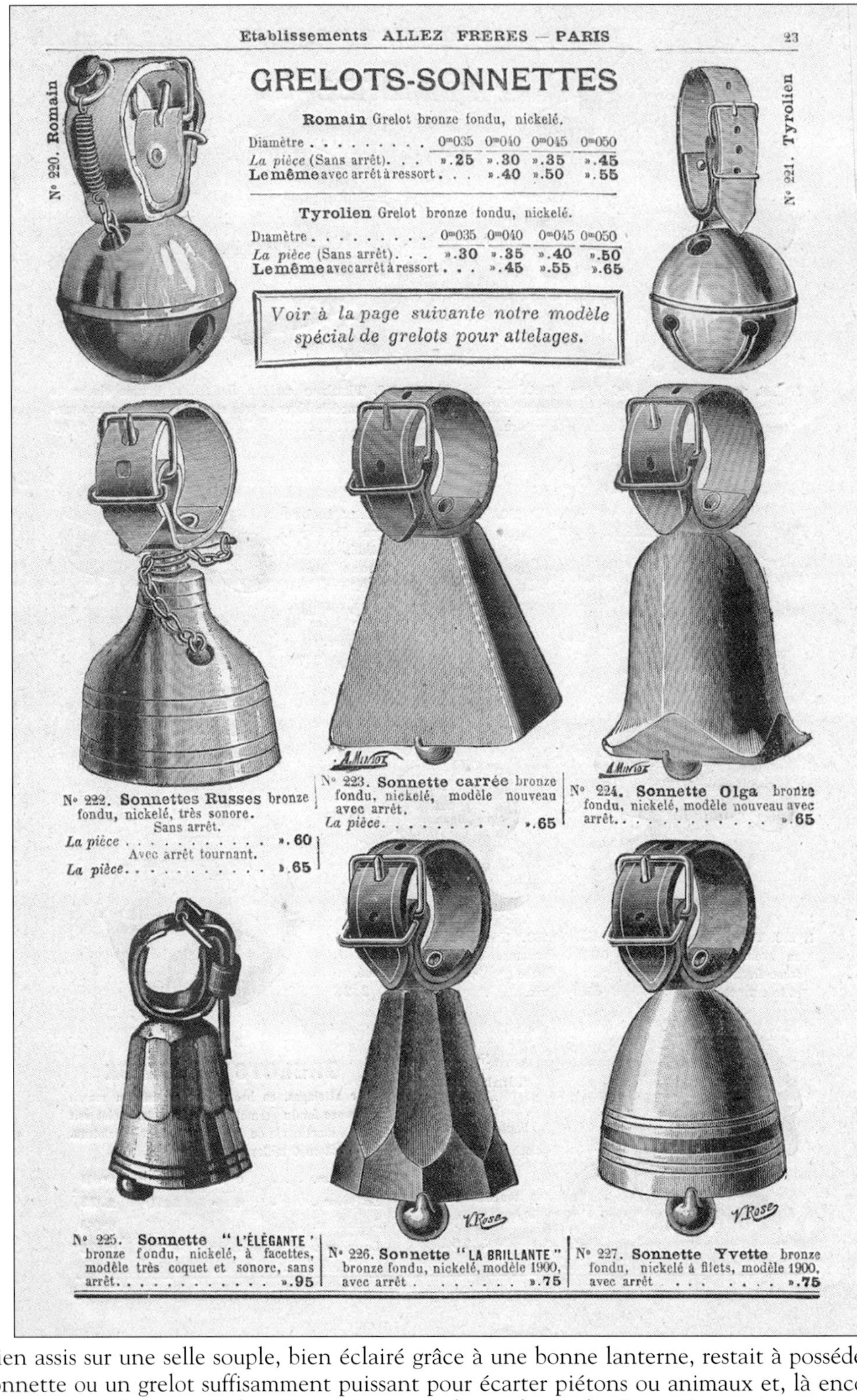

Etablissements ALLEZ FRERES — PARIS 23

GRELOTS-SONNETTES

Romain Grelot bronze fondu, nickelé.

Diamètre	0m035	0m040	0m045	0m050
La pièce (Sans arrêt)	».25	».30	».35	».45
Le même avec arrêt à ressort		».40	».50	».55

Tyrolien Grelot bronze fondu, nickelé.

Diamètre	0m035	0m040	0m045	0m050
La pièce (Sans arrêt)	».30	».35	».40	».50
Le même avec arrêt à ressort		».45	».55	».65

Voir à la page suivante notre modèle spécial de grelots pour attelages.

N° 220. **Romain**

N° 221. **Tyrolien**

N° 222. **Sonnettes Russes** bronze fondu, nickelé, très sonore.
Sans arrêt.
La pièce . . . . ».60
Avec arrêt tournant.
La pièce . . . . ».65

N° 223. **Sonnette carrée** bronze fondu, nickelé, modèle nouveau avec arrêt.
La pièce . . . . ».65

N° 224. **Sonnette Olga** bronze fondu, nickelé, modèle nouveau avec arrêt . . . . ».65

N° 225. **Sonnette** « L'ÉLÉGANTE » bronze fondu, nickelé, à facettes, modèle très coquet et sonore, sans arrêt . . . . ».95

N° 226. **Sonnette** « LA BRILLANTE » bronze fondu, nickelé, modèle 1900, avec arrêt . . . . ».75

N° 227. **Sonnette Yvette** bronze fondu, nickelé à filets, modèle 1900, avec arrêt . . . . ».75

Bien assis sur une selle souple, bien éclairé grâce à une bonne lanterne, restait à posséder une sonnette ou un grelot suffisamment puissant pour écarter piétons ou animaux et, là encore, le choix était infini, comme le montre cette page du catalogue des Frères Assez, grossistes à Paris.

Les cycles Kif Kif, installés à Paris, font également appel à un illustrateur très connu, Raoul Vion, pour leurs publicités.
La marque est gravée sur la sonnette autrefois nommée « le timbre », un terme aujourd'hui inutilisé.

Le fabricant Tartarin a baptisé ses sonnettes Le Coq. La publicité est simple, presque dépouillée, et se contente de deux mots pour mettre en valeur les mérites de sa production : chic et qualité.

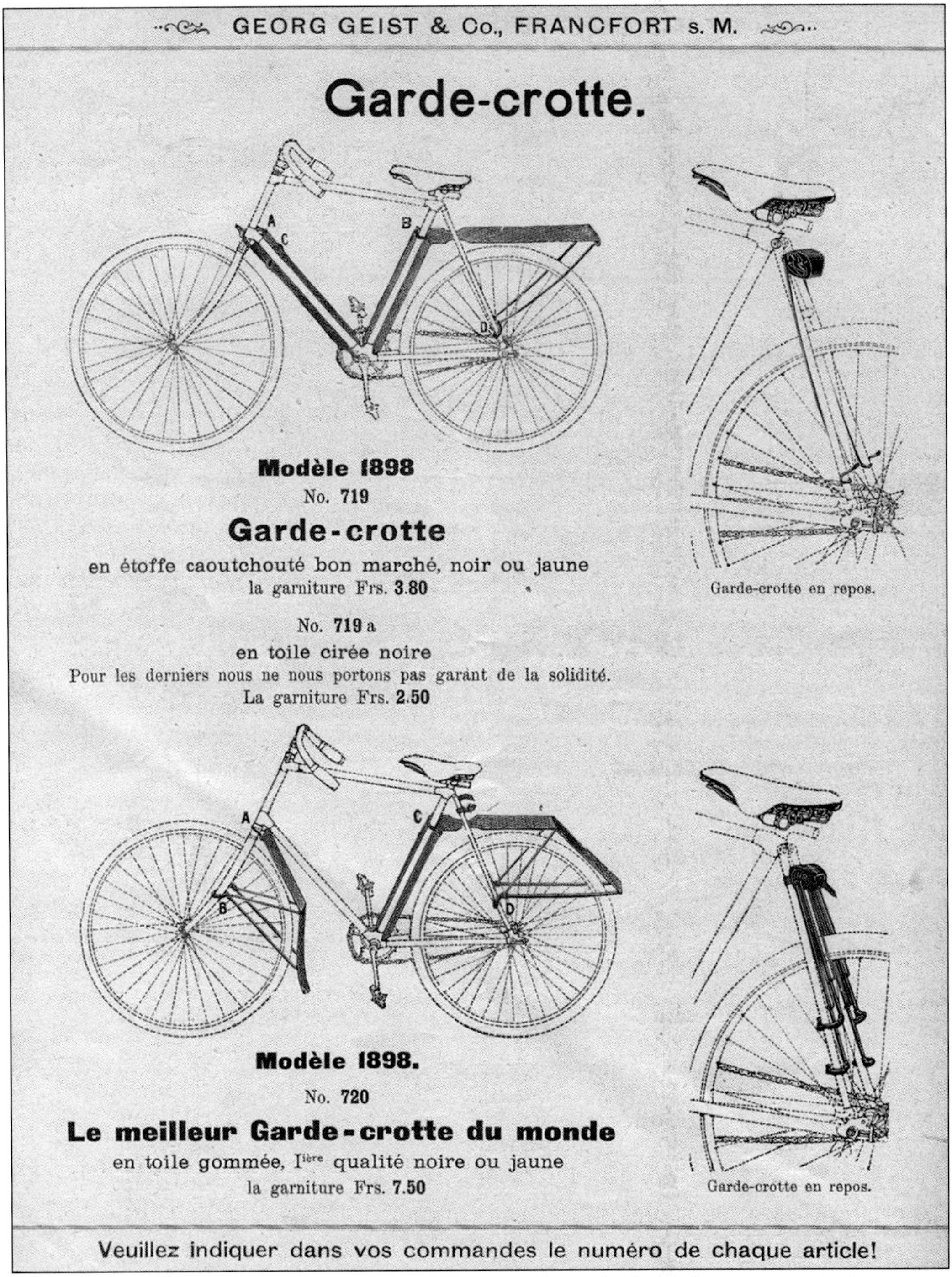

Rouler par tous les temps sur les routes et chemins où les nids-de-poule se creusent n'est jamais très simple, et quand la pluie s'en mêle, c'est encore pire. Dès la fin du XIXe siècle, la firme allemande Georg Geist propose un garde-crotte, que l'on appellera plus tard « garde-boue ».

Tous les accessoiristes font appel aux plus illustres dessinateurs pour créer leurs affiches et publicités reprises dans les catalogues et journaux spécialisés. Martin Dupin, au coup de crayon remarquable, signe cette exceptionnelle publicité pour les moyeux et roues libres Préférence ; il est également l'auteur de la publicité pour les roues libres Elva.

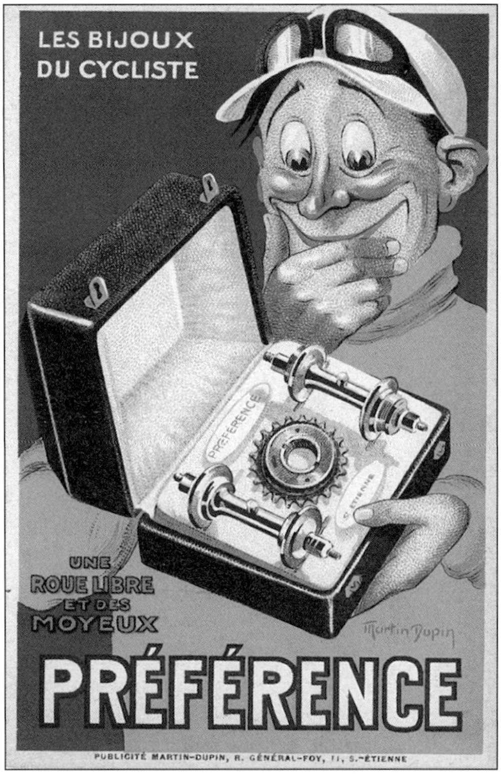

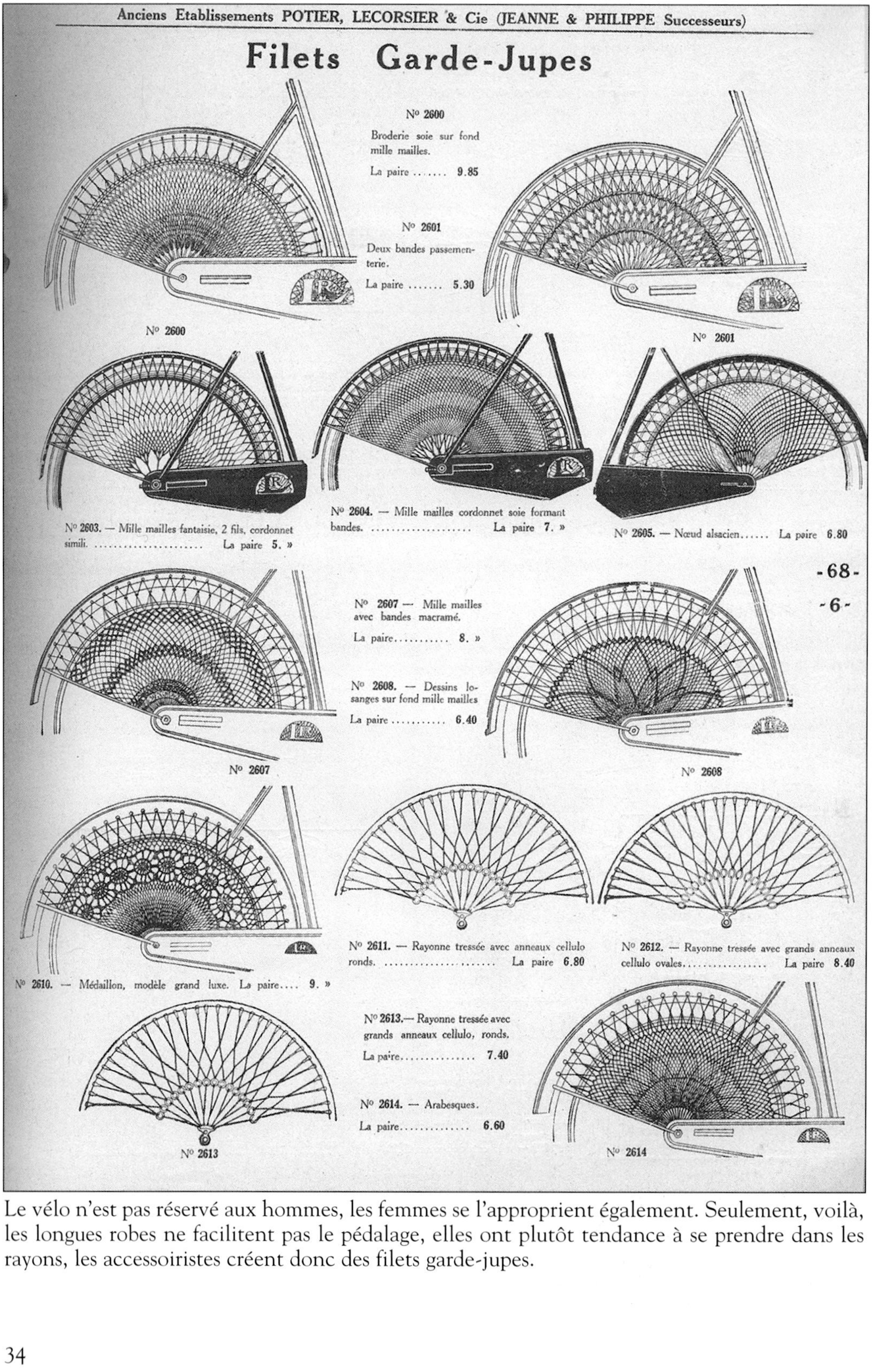
Anciens Etablissements POTIER, LECORSIER & Cie (JEANNE & PHILIPPE Successeurs)

Filets Garde-Jupes

N° 2600
Broderie soie sur fond mille mailles.
La paire 9.85

N° 2601
Deux bandes passementerie.
La paire 5.30

N° 2600

N° 2601

N° 2603. — Mille mailles fantaisie, 2 fils, cordonnet simili. .... La paire 5. »

N° 2604. — Mille mailles cordonnet soie formant bandes. .... La paire 7. »

N° 2605. — Nœud alsacien...... La paire 6.80

-68-
-6-

N° 2607 — Mille mailles avec bandes macramé.
La paire........... 8. »

N° 2608. — Dessins losanges sur fond mille mailles.
La paire 6.40

N° 2607

N° 2608

N° 2610. — Médaillon, modèle grand luxe. La paire.... 9. »

N° 2611. — Rayonne tressée avec anneaux cellulo ronds. .... La paire 6.80

N° 2612. — Rayonne tressée avec grands anneaux cellulo ovales................ La paire 8.40

N° 2613.— Rayonne tressée avec grands anneaux cellulo, ronds.
La paire.............. 7.40

N° 2614. — Arabesques.
La paire............. 6.60

N° 2613

N° 2614

Le vélo n'est pas réservé aux hommes, les femmes se l'approprient également. Seulement, voilà, les longues robes ne facilitent pas le pédalage, elles ont plutôt tendance à se prendre dans les rayons, les accessoiristes créent donc des filets garde-jupes.

Au début du siècle dernier, les publicitaires faisaient déjà appel aux jeunes femmes pour vanter les mérites de telle ou telle marque, ici l'amortisseur Pd'A qui *« annule l'obstacle et adoucit la route »*.

Les moyeux de roues sont des éléments importants dans un vélo, de bons roulements évitent les résistances et permettent un déplacement facile, voilà pourquoi les cyclistes sollicitent saint Christophe pour obtenir des moyeux New Star.

La femme est encore présente dans cette publicité pour le quotidien sportif *Le Vélo* qui se faisait régulièrement l'écho des courses cyclistes, sur route comme sur piste, mais aussi des dernières innovations techniques, très nombreuses à cette époque. La rivalité était grande entre ce journal et celui de *L'Auto* ; cette rivalité sera à l'origine de la création du Tour de France cycliste en 1903 par le second.

Les marchands de vélos

Dans toutes les villes, les marchands de vélos sont nombreux, souvent ils vendent également de l'essence, les stations-service ne sont pas très fréquentes à cette époque. Cycles et automobiles font bon ménage, ce sont souvent des activités exercées en parallèle, et les commerçants multiplient à l'infini des spécialités parfois très éloignées du vélo : de la bijouterie à la machine agricole, en passant par la coiffure. Ici, à Domfront dans l'Orne, les cycles Hadet ne semblent avoir qu'une seule activité, le commerce de cycles, comme en témoigne la façade décorée d'affiches, très colorées, à la gloire des champions de l'époque.

A Villeneuve-la-Guyard, dans l'Yonne, G. Ledoux tient boutique dans la rue principale. Il propose plusieurs marques, dont Peugeot et La Française. Sur le côté gauche, une superbe affiche rappelle que Victor Dupré a remporté les titres de champion de France et du monde sur piste en 1909. En façade, une affiche de la firme dijonnaise Terrot qui renouvelait régulièrement sa publicité en faisant appel aux plus grands, comme Plouzeau avec cette femme sortant d'un tunnel.

Rebais, petite commune de Seine-et-Marne, possède également son marchand de vélos, les cycles Evrard. A l'occasion du passage du photographe, toutes les machines ont été exposées, les mécaniciens ont quitté les ateliers et le patron a sorti sa voiture. Nous sommes en 1906.

Si les marchands de cycles sont partout nombreux, beaucoup de commerçants ne se contentent pas de vendre uniquement des vélos. Les associations d'activités sont parfois surprenantes. Ici, à Pont-de-Claix, en Isère, la Maison Exertier propose également des voitures d'enfants et des machines a coudre.

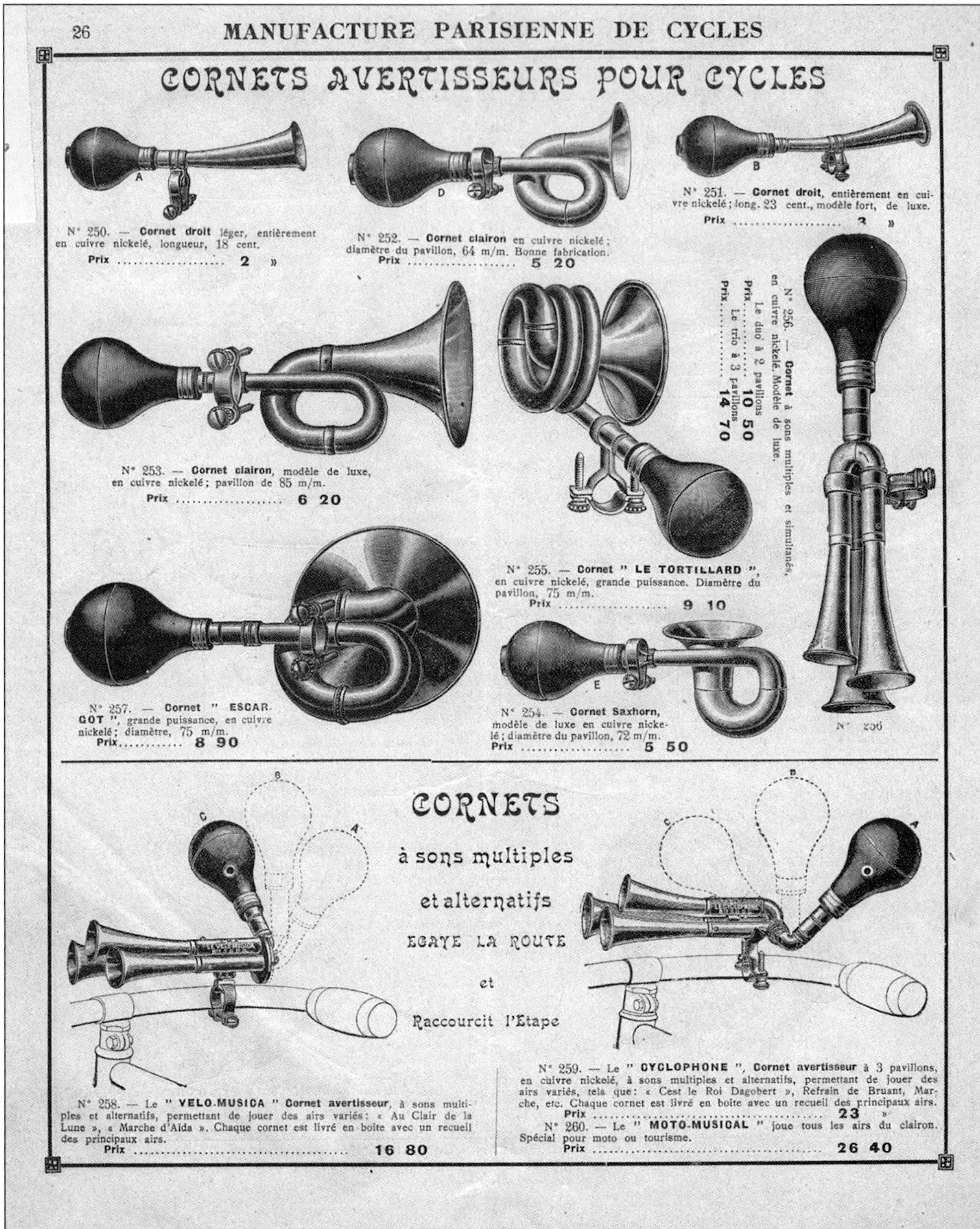

26 MANUFACTURE PARISIENNE DE CYCLES

CORNETS AVERTISSEURS POUR CYCLES

N° 250. — **Cornet droit** léger, entièrement en cuivre nickelé, longueur, 18 cent.
Prix .... **2 »**

N° 252. — **Cornet clairon** en cuivre nickelé ; diamètre du pavillon, 64 m/m. Bonne fabrication.
Prix **5 20**

N° 251. — **Cornet droit**, entièrement en cuivre nickelé ; long. 23 cent., modèle fort, de luxe.
Prix .... **3 »**

N° 256. — **Cornet** à sons multiples et simultanés, en cuivre nickelé. Modèle de luxe.
Le duo à 2 pavillons
Prix **10 50**
Le trio à 3 pavillons
Prix **14 70**

N° 253. — **Cornet clairon**, modèle de luxe, en cuivre nickelé ; pavillon de 85 m/m.
Prix **6 20**

N° 255. — **Cornet " LE TORTILLARD "**, en cuivre nickelé, grande puissance. Diamètre du pavillon, 75 m/m.
Prix **9 10**

N° 257. — **Cornet " ESCARGOT "**, grande puissance, en cuivre nickelé ; diamètre, 75 m/m.
Prix............ **8 90**

N° 254. — **Cornet Saxhorn**, modèle de luxe en cuivre nickelé ; diamètre du pavillon, 72 m/m.
Prix **5 50**

N° 256

CORNETS
à sons multiples
et alternatifs
EGAYE LA ROUTE
et
Raccourcit l'Etape

N° 258. — Le **" VELO-MUSICA " Cornet avertisseur**, à sons multiples et alternatifs, permettant de jouer des airs variés : « Au Clair de la Lune », « Marche d'Aïda ». Chaque cornet est livré en boite avec un recueil des principaux airs.
Prix **16 80**

N° 259. — Le **" CYCLOPHONE "**, **Cornet avertisseur** à 3 pavillons, en cuivre nickelé, à sons multiples et alternatifs, permettant de jouer des airs variés, tels que : « Cest le Roi Dagobert », Refrain de Bruant, Marche, etc. Chaque cornet est livré en boite avec un recueil des principaux airs.
Prix .... **23 »**

N° 260. — Le **" MOTO-MUSICAL "** joue tous les airs du clairon. Spécial pour moto ou tourisme.
Prix **26 40**

Tous les catalogues d'accessoires destinés aux constructeurs ou aux revendeurs sont abondamment illustrés, et le choix est très important, comme en témoigne cette page du catalogue de la Manufacture Parisienne de Cycles consacré aux cornets avertisseurs.

La Société des Comptoirs cyclistes, installée à Paris, compte, en plus de celui ci-dessus, deux magasins rue du Quatre Septembre et un rue du Faubourg du Temple. La boutique semble très bien approvisionnée et propose des prix attractifs. Les selles sont offertes de 2,95 à 3,95 francs, les pneus à 4,95 francs, la sacoche de guidon à 1,15 franc.

Bosc-Bordel, tout petit village du pays de Bray, en Seine-Maritime, possède également son marchand de cycles et accessoires. Une petite boutique et quelques machines, Emile Cret semble ne travailler qu'avec son épouse. Sur le mur, une superbe enseigne artisanale certainement créée par le maître des lieux.

Le magasin Espitalier, situé 8 boulevard Carnot à Toulouse, est le seul dépositaire de la marque Alcyon pour la Haute-Garonne. Alcyon, dont l'emblème est une mouette blanche, est l'un des plus importants fabricants français, sa production pour l'exercice 1906-1907 est de 13 656 bicyclettes.

"ALCYON" NEUILLY-SUR-SEINE

BICYCLETTE "ALCYON" Touriste
Grand Luxe

Prix net : 325 francs

DESCRIPTION

Même description que le modèle route, sauf :
Carter tôle fermé
Pédales route de grand luxe
Guidon à potence
Double frein ALCYON sur jantes
Roue libre Eadie
Jantes demi-nickelées

Garde-boue acier à nervures
Pompe de cadre avec attaches nickelées
Email de luxe spécial avec double filet or et rouge ou vert sur le cadre, les jantes et les garde-boue
Machine extrêmement soignée et d'un fini irréprochable

Poids : 12 kilos 500

Nouveauté

BICYCLETTE " ALCYON " TOURISTE
à charnières (breveté S. G. D. G.) **Prix net : 375 francs**

Même modèle que ci-dessus, mais avec un ***arrière spécial à charnières*** et moyeu démontable permettant d'ouvrir le cadre et d'enlever la roue sans toucher au carter, la chaîne restant en place sur les deux pignons.

TOUTES LES PIÈCES DOIVENT PORTER LA MARQUE " ALCYON "

7

La marque Alcyon, installée à Neuilly-sur-Seine, est très présente dans le secteur sportif et ses succès sont nombreux dans les plus belles courses du moment. Elle s'appuie sur ces victoires pour faire sa publicité dans son catalogue de 1908 où le prix des machines varie de 200 à 425 francs.

En Normandie, zone d'élevage et de production laitière, le magasin A la Place Duquesne de Blangy-sur-Bresle, en Seine-Maritime, propose cycles et automobiles mais aussi écrémeuses et, plus inattendu, des phonographes de la marque Pathé et des machines à coudre.

A cette époque, les artisans sont souvent des bricoleurs de génie, cherchant sans cesse à améliorer les machines, voire à les transformer. A Orléans, Lucien Tournois, installé 6 rue Bourgogne, s'est spécialisé dans la création de tricyclettes pour mutilés et vieillards. Il présente ses machines devant son magasin.

Matériel agricole par-ci, machines à coudre par-là, à Colombey-les-Belles, en Meurthe-et-Moselle, Etienne Richert est un touche-à-tout du commerce. Il est à la fois épicier, mercier, quincaillier, marchand de chaussures, de faïence, mais aussi bureau de tabac. Au mur, une superbe affiche des cycles Rochet.

A Tournus, en Saône-et-Loire, la famille Guillermin, installée 51 rue de la République, propose exactement le même genre de produits mais tient à préciser que les prix y sont modérés. Il est vrai que, dans ce bourg connu pour son abbaye, les marchands de cycles sont en nombre : Guillermin, Bontemps, Jaillet…

Au garage Thély de La Souterraine, dans la Creuse, l'heure n'est pas à la fête. De nombreuses machines à réparer attendent devant l'atelier. « *Réparations en tout genre* », tient à préciser la carte, de la machine à coudre aux vélos, on y pratique également la soudure autogène.

Un peu partout, la pratique du vélocipède se développe et donne souvent lieu à des fêtes de village où l'on présente des vélos décorés de fleurs naturelles. A Champvans, dans le Jura, la Maison Sautrey a soigné la décoration de sa boutique et le patron a abandonné son tablier pour les habits du dimanche.

Dans la campagne, les commerçants ne se contentent pas de vendre des vélos, ils fournissent également les machines dont les paysans ont besoin et assurent les réparations. La Maison Antonier, de Montech, dans le Tarn-et-Garonne, a mis au premier plan une superbe faucheuse.

En plein cœur de la Bresse bourguignonne, à la Chapelle-de-Bragny, l'atelier Branchey vend vélos et machines agricoles. Il est précisé sur cette carte postale qu'il possède son atelier de réparations. Là encore faucheuse et charrue attendent dans la cour avant de passer à l'atelier pour une remise en état.

Le village de Trainel, dans l'Aube, n'est pas bien grand. C. Tarin y est horloger-bijoutier mais, pour faire face au fort développement de la pratique du vélo, il vend désormais des bicyclettes de première marque, précise-t-il sur sa carte, neuves ou d'occasion, et accorde même des facilités de paiement.

A Digoin dans la Saône-et-Loire, la boutique des associés Charleux et Caillot n'est pas bien grande mais, à l'occasion du passage du photographe, clients, amis, voisins ont pris rendez-vous pour nous offrir ce magnifique cliché.

Les marchands de vélos, on vient de le voir, ont souvent de nombreuses cordes à leur arc. A Nogent-le-Rotrou, dans l'Eure-et-Loir, ce commerçant en cycles est un véritable touche-à-tout. Il est à la fois coutelier, chapelier, naturaliste, parfumeur mais aussi… coiffeur.

A Hautmont, dans le Nord, l'un des marchands de vélos, Jules Bastien, entretient également les automobiles et les motocyclettes, et, comme son affaire va bien, il a ouvert des succursales à Saint-Rémy-du-Nord et Eclaibes.

Les affaires sont florissantes pour les établissements Martin-Bertrand, situés sur les quais de Saône à Mâcon. La firme Peugeot vient de livrer une grosse commande de vélos et de machines à coudre à l'emballage particulièrement soigné.

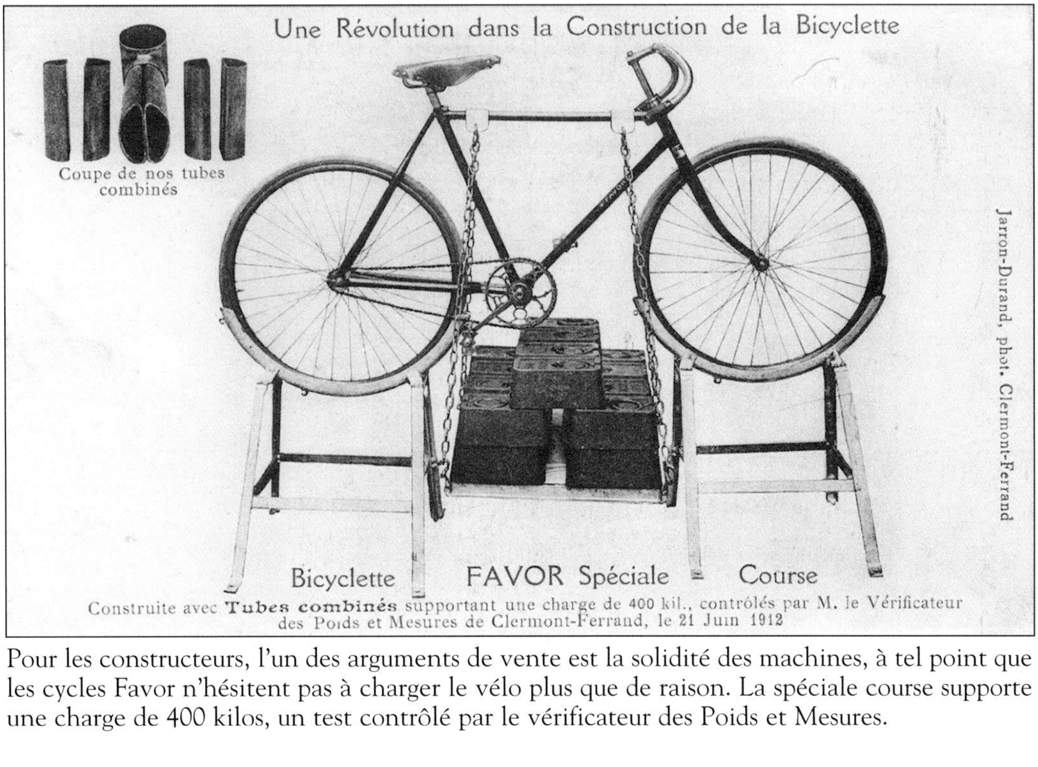

Pour les constructeurs, l'un des arguments de vente est la solidité des machines, à tel point que les cycles Favor n'hésitent pas à charger le vélo plus que de raison. La spéciale course supporte une charge de 400 kilos, un test contrôlé par le vérificateur des Poids et Mesures.

A Denain, en plein cœur du bassin minier du Nord, la Maison Corœnne propose machines à coudre, motos et vélos, dont un modèle spécial présenté sur le trottoir avec des haubans doublés. Une pancarte précise que le modèle est breveté.

Les marchands de vélos sont présents dans les plus petits villages comme en témoigne la boutique du sieur Gouin. Ici, pas de chichis, un pneu de voiture et un de vélo accrochés à même le mur et voilà une enseigne peu coûteuse !

Dans cet atelier de marchand de cycles, tout le monde s'est mis au travail à l'occasion du passage du photographe, cela va du rayonnage d'une roue à la mise à la bonne dimension d'une fourche destinée à un futur vélo.

A la fin du XIXe siècle, les artisans mécaniciens cherchent à améliorer les machines existantes. A Bucey-les-Gy, en Haute-Saône, monsieur Delvaux a eu l'idée d'utiliser non seulement la force des jambes mais également celle des bras, ce qui nous donne cette machine étonnante.

A Angoulême, les établissements Gache, installés avenue Gambetta, vendent des cycles en gros. Les marques proposées sont nombreuses : Wonder, La Française mais surtout Elka, utilisée par Devautou, le champion local.

Au début du XXe siècle, les marchands de vélos étaient souvent des spécialistes de la mécanique automobile capables de dépanner votre voiture comme de remettre en état votre bicyclette, voire de braser un cadre ou une fourche. Le personnel était nombreux dans les ateliers.

2

Un moyen de locomotion

Les utilisateurs

Vendeuvre – Le Tambour de Ville

Le vélo, apparu au cours du XIXe siècle, a totalement bouleversé les déplacements de la population jusqu'alors habituée à voyager à pied. Certes, il y avait bien les diligences, les malles-poste, puis, un peu plus tard, le train mais les passages étaient souvent peu nombreux et toujours à heures fixes, ou presque. L'arrivée du vélo a totalement changé les habitudes des citadins comme des ruraux. Avec le vélocipède, la liberté est apparue, liberté d'aller et venir sans la moindre contrainte, avec un gain de temps considérable. Parcourir 5 kilomètres à pied demandait une heure environ, avec une bicyclette quatre à cinq fois moins de temps, bien sûr en fonction de l'état des routes et des chemins. Au fil du temps, le vélo changera donc les habitudes. Les livreurs, les marchands ambulants, l'armée, la poste, la gendarmerie, les douanes s'équiperont de machines traditionnelles ou spécifiques. Pour résumer le tout, le vélo deviendra indispensable pour le travail comme pour le peu de repos accordé a cette époque.

A Vendeuvre-sur-Barse, gros bourg de l'Aube, l'appariteur, le père Sekely, est une véritable institution locale. Il ne se déplace jamais sans son tambour et, pour ses tournées, il chevauche un tricycle datant du XIXe siècle.

Si le vélo améliore les déplacements des individus, le transport des marchandises est un peu plus compliqué. Les fabricants se sont rapidement penchés sur ce problème, proposant le tricycle porteur baptisé un peu plus tard « triporteur ».

Dans toutes les grandes villes, les épiciers et les boulangers s'approprient ces nouveaux véhicules. La caisse fournit un bel espace publicitaire toujours utilisé pour vanter les mérites de leurs produits, ici le Phospho bébé, aliment pour enfants.

Pour les jeunes apprentis bouchers, les livraisons faisaient partie des tâches quotidiennes et leurs vélos avaient la particularité de posséder un porte-bagages à l'avant, une bonne façon de surveiller la marchandise.

Anciens Etablissements POTIER, LECORSIER & Cie (JEANNE & PHILIPPE Successeurs)

Tri-Porteurs - Poussettes

Type UNIVERSEL

MODELES	A	B	C	D
Longueur	80	90	100	110
Largeur	55	60	60	65
Hauteur	50	55	60	60
Prix	1.525. »			1550. »

Le couvercle peut recevoir une galerie fer ou une galerie bois au choix.

Type EPICIER

Longueur : 0 m. 85 — Largeur : 0 m. 65 — Hauteur : 0 m. 55.

Modèle prévu pour recevoir intérieurement 2 paniers 15 trous. Comporte couvercle et porte à l'avant, glissières intérieures. Galerie fer ou bois. Les paniers vides peuvent se mettre sur le couvercle. Prix .... **1550. »**

Type BOULANGER

MODELES	A	B	C
Longueur	100	110	120
Largeur.......	60	60	65
Hauteur	55	60	60
Prix	1.525. »		1550. »

Galerie cintrée pour recevoir les mannes. Fond à claire-voie. Séparation mobile à volonté, en supplément. Peut se faire également avec porte avant à un ou deux battants, sur demande.

Type CAMION

MODELES	A	B	C	D
Longueur	80	90	100	110
Largeur	60	60	60	65
Hauteur	20	20	20	25
Prix	1400. »		1425. »	

Pour colis lourds et encombrants.

Peut recevoir des ridelles mobiles.

(supplément : **100** francs)

Poussette, type LÉGER

Roues caoutchoutées et véritables bandages automatiques Ducasble

MODELES	A	B	C	D
Longueur	10	80	90	100
Largeur	55	55	60	60
Hauteur	50	50	55	60
Prix	800. »		825. »	

Très roulante. Suspension souple.

Très appréciée du personnel livreur.

Poussette, CAMION LÉGÈRE

Roues caoutchoutées et véritables bandages automatiques Ducasble

MODELES	A	B	C	D
Longueur	80	90	100	110
Largeur	60	60	60	65
Hauteur	20	20	20	20
Prix	625. »		650. »	

Toutes autres dimensions sur demande.

Un bel exemple des différents modèles de triporteurs présentés par la Maison Jeanne et Philippe dans son catalogue

La poste a très vite compris le bénéfice qu'elle pouvait tirer de l'usage du vélo mais, assez curieusement, elle laissait le soin à ses facteurs d'acheter eux-mêmes leur bicyclette préférant leur attribuer une indemnité, plus ou moins importante en fonction du kilométrage effectué –15 francs mensuels pour une tournée dépassant les 32 kilomètres –, pour couvrir l'achat et l'entretien de la machine.
Ci-dessus, la manufacture de cycles de Contoire-Hamel, dans la Somme, met en scène un facteur rural qui rêve à sa future machine. Pour cet autre, ci-contre, c'est déjà fait, il ne lui reste plus qu'à poser pour la postérité.

GRANDE NOUVEAUTÉ

Machine n° 14 (Bi-Porteur)

Fabrication soignée

Spéciale pour livraison rapide

Hauteur du Cadre 52 c/m seulement

Toutes pièces en ACIER NICKEL

N° 14. — **Cadre** en tubes renforcés étirés sans soudure ; hauteur du cadre : 52 cm.; **pièces de direction** décolletées ; **pédalier** indéréglable ; **cuvette** droite fixe avec épaulement ; **cuvette** gauche réglable avec contre-écrou de serrage, axe et cuvettes en acier nickel ; en plus 2 boulons de serrage à la boîte, rendant le pédalier absolument indéréglable ; **billes** de 6,35 ; **pièces** interchangeables avec la bicyclette n° 2, des **“ Reliability trials cyclistes ” ; pignon** de 48 dents en acier découpé, vissé sur manivelle ovale, avec contre-écrou formant recouvrement sur la boîte ; **chaîne “ Rafer ”** ou **“ Brampton ” ; moyeux** indéréglables ; **selle** Poids Lourds **“ Brown ”** ; **guidon** relevé ; **cadre** émail noir ; **frein** arrière le **“ Touriste ”** ; **garde-boue** tôle, tringles plates renforcées ; **roue** avant 50 × 40 ; **roue** arrière 65 × 40 ; **pneus** le **“ Select ”** 3 toiles vulcanisées, chape renforcée ; **chambre à air** extra. **PORTE-PANIER** en acier, modèle spécial s'adaptant sur le cadre mais ne tournant pas avec la direction. — **Panier** en osier blanc ou verni. Dimensions courantes du panier : le fond mesure 35 × 27 ; le couvercle du panier a 47 × 45, sa profondeur est de 42 cm.

PRIX de la bicyclette porteuse n° 14, complète, jantes acier, garde-boue tôle, tringles renforcées, selle Poids Lourds, guidon relevé, frein “ Touriste ”, pneus le “ Select ” 3 toiles vulcanisées, chape renforcée, chambre extra, la bicyclette munie du porte-panier et du panier, prix. . . . . **250 fr.**

Supplément pour panier doublé toile imperméable . . . . **6 fr.**

PRIX de la bicyclette n° 14, complète, mêmes détails (sans pneus) . . . . **190 fr.**

Cette bicyclette est livrée avec pneus le “ Select ” seulement

Autre exemple de machine spéciale, ce bi-porteur de la Manufacture parisienne de cycles. Il s'adresse notamment aux garçons bouchers et permet une livraison rapide ! En tout cas, la publicité l'affirme.

Le vélo est très utilisé par les ouvriers pour se rendre au travail. Il facilite et accélère les déplacements et permet de transporter des charges plus ou moins importantes, à l'image de ce marchand de peaux de lapin qui arpentait la campagne en criant à tue-tête sur son passage *« peaux de lapins, peaux… »*.

En quelques années, l'apparition du vélocipède a vraiment modifié les comportements. Le vélo offre une grande liberté de déplacements, tout en augmentant les vitesses. Dès lors apparaissent les premiers coursiers à vélo, comme ici en Gironde avec l'Express Boy Bordelais.

Le vélo est présent partout dans la vie quotidienne, aussi bien en ville qu'à la campagne. Pour les paysans, c'est un moyen de déplacement facile. Il permet de se rendre aux champs pour récupérer les animaux mais aussi d'aller au marché au village voisin.

Le difficile travail à la carrière du Maupuy, sur les hauteurs de Guéret, est terminé, c'est l'heure de redescendre à la maison. Les plus pressés ont déjà récupéré leurs vélos. Dans quelques minutes, ils seront au centre du bourg.

Ouvriers se rendant au travail à vélo ou facteur cycliste n'hésitent pas à faire une petite halte au comptoir épicerie. Il est vrai que pédaler donne chaud et, pour reprendre les bons principes de Paul de Vivie, il faut toujours boire avant d'avoir soif et manger avant d'avoir faim.

Des principes adoptés par ces cyclistes côte-d'oriens. Ils font une pause dans une buvette de Semur-en-Auxois où l'on vante notamment l'Alésia, un apéritif à base de vieux vins de Bourgogne fabriqué par Albert Picoche.

Le vélo est adopté par toutes les administrations, la poste, les douanes mais aussi la gendarmerie, ce qui facilite énormément les déplacements de la maréchaussée. On remarque sur ce cliché la petite trousse de dépannage fixée sur le cadre.

Le vélo est un remarquable engin de livraison. Pour aller plus vite, ce jeune garçon a opté pour le guidon de course et la hotte en osier, pas de porte-bagages, le strict minimum, avec toutefois la petite trousse à outils fixée sous la selle.

A une époque ou les déplacements n'étaient pas aussi simples que maintenant, l'acquisition d'une bicyclette était vécue comme un événement au sein de la famille. N'a-t-il pas fier allure, ce jeune lycéen posant avec sa machine flambant neuve ?

La semaine de labeur terminée, le dimanche donne l'occasion aux jeunes gens de se retrouver pour parcourir la campagne, d'aller faire un petit tour au bourg voisin et, souvent, d'envoyer une carte postale aux amis, à la famille ou à la petite amie.

La balade dominicale est l'occasion de se vêtir différemment, on sort la chemise blanche, la cravate, les souliers bas. Les cheveux sont gominés et l'on allume une cigarette pour la photo, la journée s'annonce belle !

Petite promenade entre jeunes filles, toutes ont adopté le cadre dit en col-de-cygne qui permet de monter très facilement sur sa bicyclette. A noter également, sur la roue arrière, les filets de protection pour éviter que les robes ne se prennent dans les rayons.

La mode du vélo est si importante que, partout en France, les cafés, les restaurants et les débits de boissons n'hésitent pas à changer de nom pour attirer la clientèle des *sportmen*, comme ici en Saône-et-Loire, en plein cœur du bassin minier.

A Maisons-Alfort, en banlieue sud de Paris, au 139 de la Grande Rue, le Chalet des Cyclistes accueille les sportifs. Il dispose même de salles pour recevoir les sociétés et offre également jardins, bosquets et chambres…

Au début du siècle dernier, Noisiel-sur-Marne, près de Lagny, en Seine-et-Marne, compte un bon millier d'habitants et les bords de Marne sont des lieux de promenade appréciés ; Au Repos des Cyclistes est une halte incontournable pour amateurs de balades.

A Marsannay-la-Côte, dans la proche banlieue dijonnaise, le café du Rocher, situé en bordure de la route nationale, est également un lieu de rencontres pour les cyclistes côte-d'oriens. Ils peuvent y trouver pompe et accessoires, c'est inscrit sur la façade.

Tous les cyclistes de la région parisienne connaissent la côte de Champigny et sa buvette Au Petit Père des Cyclistes, tenue par Albert Bottiau. C'est de là que sont donnés les départs de nombreuses courses régionales, et les coureurs aiment s'y retrouver pour évoquer leurs exploits.

Le café-restaurant de la gare d'Arc-sur-Tille, en Côte-d'Or ,est un endroit apprécié des cyclistes. Le propriétaire de l'époque a d'ailleurs fait peindre une superbe enseigne visible de loin, histoire d'attirer quelques clients supplémentaires.

A Cenon, près de Bordeaux, la Halte des Quatre Pavillons est un endroit très prisé des amateurs de cyclisme. C'est de là que s'élancent les coureurs de Bordeaux-Paris, le propriétaire le rappelle en façade en inscrivant : « *Au rendez-vous des vélocipédistes* ».

La forêt de Versailles est très appréciée des sportifs et promeneurs. Au retour, une petite halte à La Belle Cycliste de Suresnes est une étape incontournable, ses terrasses ombragées sont particulièrement accueillantes.

Le vélo et l'armée

SEDAN. — La Compagnie cycliste du Capitaine Gérard (147e Régiment d'Infanterie), actuellement Compagnie cycliste du 9e Bataillon de Chasseurs à pied, à Longwy.

Edit. E. Genin, Sedan. - Plaque Jougla.

Si l'invention du vélocipède date du milieu du XIXe siècle, son apparition dans l'armée remonte à la guerre de 1870. Rapidement, les militaires se rendent compte des avantages qu'ils peuvent tirer de son utilisation : énorme gain de temps par rapport aux fantassins, plus grande mobilité qu'un cheval. Mais, il faut bien l'admettre, le vélo peut être parfois encombrant, notamment pour un combattant montant au front, déjà équipé d'un énorme barda. Comme toujours en pareil cas, deux camps s'opposent, d'un côté les pour, de l'autre les contre.

Lors de grandes manœuvres, l'armée finit par organiser différentes confrontations entre cavaliers et cyclistes, et il fut définitivement acquis que les ordres et dépêches seraient confiés aux deux-roues. Il restait toutefois à résoudre le problème des combattants. En 1895, le capitaine Gérard proposa de créer un vélo pliant susceptible d'être ajouté au paquetage, une proposition acceptée après bien des palabres. La fabrication en fut confiée à la Maison Peugeot, installée à Valentigney, dans le Doubs.

Dans un premier temps, les bataillons cyclistes sont ouverts aux seuls réservistes. Pour cette revue de la 11e division, le 20 octobre 1899, les militaires ne disposent pas encore du modèle pliant dont la fabrication vient d'être lancée par les Cycles Peugeot.

Fabriquer des vélos pour l'armée, c'est l'assurance de commandes importantes. La firme Sécuritas, fondée en 1867, va jusqu'à éditer un catalogue de bicyclettes militaires. Comme référence, elle précise que ces vélos sont officiellement utilisés aux grandes manœuvres de corps d'armée et à l'école de Saint-Maixent.

Les grandes manœuvres sont l'occasion d'entraîner les troupes sur des parcours routiers, voire dans les chemins ruraux. L'occasion également de tester la mobilité des effectifs et leur discrétion nettement supérieure à celle des chevaux.

Nous sommes en 1911, dans la Marne, à proximité du camp de Mourmelon. Le bataillon cycliste, commandé par deux officiers à cheval, pose pour la postérité dans un alignement parfait. Ce genre de cliché sera souvent expédié à la famille.

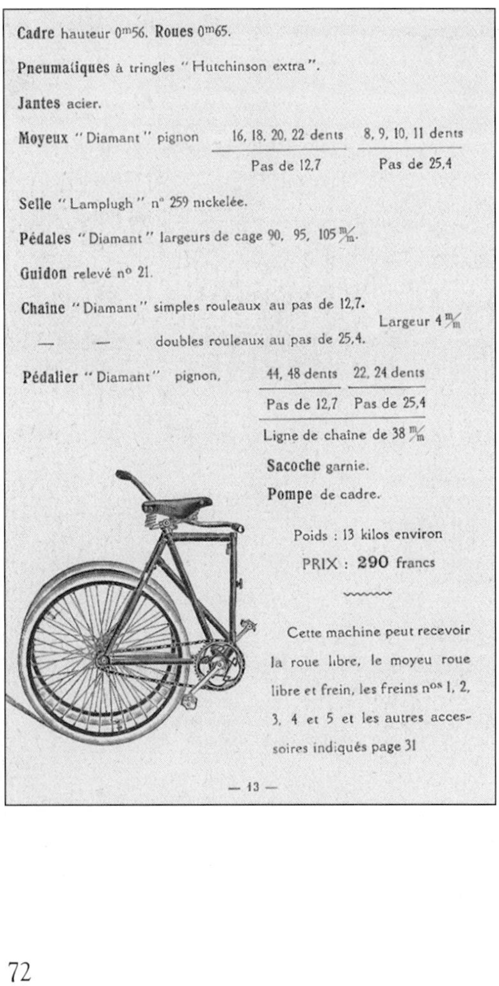

Cadre hauteur 0m56. **Roues** 0m65.

Pneumatiques à tringles " Hutchinson extra ".

Jantes acier.

	16, 18, 20, 22 dents	8, 9, 10, 11 dents
Moyeux " Diamant " pignon	Pas de 12,7	Pas de 25,4

Selle " Lamplugh " n° 259 nickelée.

Pédales " Diamant " largeurs de cage 90, 95, 105 m/m.

Guidon relevé n° 21.

Chaine " Diamant " simples rouleaux au pas de 12,7.
— — doubles rouleaux au pas de 25,4. Largeur 4 m/m

	44, 48 dents	22, 24 dents
Pédalier " Diamant " pignon,	Pas de 12,7	Pas de 25,4

Ligne de chaine de 38 m/m

Sacoche garnie.

Pompe de cadre.

Poids : 13 kilos environ

PRIX : **290** francs

Cette machine peut recevoir la roue libre, le moyeu roue libre et frein, les freins nos 1, 2, 3, 4 et 5 et les autres accessoires indiqués page 31

— 13 —

La Française Diamant commercialise également une version militaire, elle a l'avantage de se plier en deux pour faciliter son portage sur le sac à dos. Elle est équipée de roue de 650 et pèse environ 13 kilos. Son prix : 290 francs.

Le déplacement d'un bataillon cycliste est toujours un spectacle impressionnant. Les militaires roulent de front, par trois, pour limiter la longueur du convoi souvent accompagné par les cris des gamins dans les traversées de village.

Les services sanitaires des armées disposent également de bicyclettes. Ce curieux attelage à deux vélos montre qu'il est aussi possible d'évacuer des blessés, certainement une bonne idée lors des manœuvres mais, en temps de guerre, c'est autre chose.

A Colombier-Fontaine, dans le Doubs, les militaires font une pause. Les vélos sont posés en épi, deux par deux, tête-bêche. Les fusils sont sur le dos car ils sont si longs que leur installation sur le cadre pose problème.

Toutes les armées d'Europe se sont dotées de vélos dès la fin du XIXe siècle, l'Italie en premier, puis vient le tour de l'Allemagne, de l'Angleterre, de la Suisse. Un groupe de cyclistes anglais traverse le bourg de Fresnicourt, en plein cœur du bassin houiller.

En Suisse, les cyclistes sont surtout utilisés comme estafettes pour le transport des plis et dépêches. Installée sur le cadre, l'énorme sacoche en cuir est destinée à recevoir le courrier. De nos jours, la Suisse possède encore des militaires équipés de vélo.

Si l'armée française a largement fait appel aux vélos lors de ses déplacements, il fallait évidemment entretenir un minimum ses montures. Ainsi, des groupes de mécaniciens ont été constitués, comme ici à Rosny-sous-Bois, en région parisienne.

Les groupes cyclistes sont nombreux dans l'armée de terre et soumis, comme les fantassins, à des manœuvres et exercices réguliers. Barda et gamelle sont fixés sur le guidon du vélo.

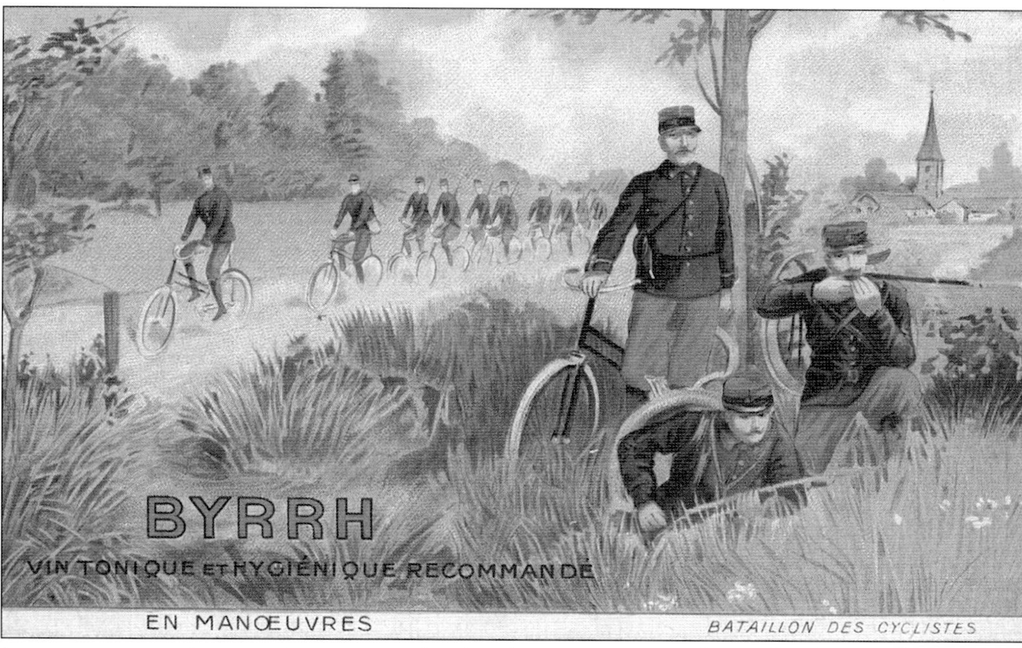

Les manœuvres, les exercices, tout cela c'est bien, mais on y laisse des forces, il faut donc les reconstituer. A en croire cette carte publicitaire, rien de tel qu'un Byrrh, *« vin tonique et hygiénique recommandé »*.

Il a fière allure l'état-major. Si la guerre est terminée, les vélos font toujours partie du paysage et les estafettes continuent d'assurer le transport des plis urgents. Messieurs, garde à vous pour la photographie souvenir !

Tenue beaucoup plus décontractée pour ces soldats photographiés en compagnie des cantinières à Wissembourg. Cette fois, les vélos, dont un superbe pliant de type Gérard à gauche, ne sont plus que de simples accessoires.

Qu'ils soient civils ou militaires, les cyclistes n'échappent pas aux inévitables crevaisons. Il ne reste plus qu'à sortir le nécessaire de réparation – les rustines, la colle –, et à prendre son mal en patience.

La guerre terminée, c'est le retour dans les différentes casernes. Près de trois mois après la fin du conflit, le 9e régiment de zouaves regagne Alger. L'occasion d'un superbe défilé le 18 février 1919 pendant lequel les cyclistes, vélo à la main, ouvrent le cortège, applaudis par des milliers de patriotes.

La ferveur est également tout aussi importante dans les rues de Chalon-sur-Saône pour le défilé du groupe des cyclistes.

Une fois la Grande Guerre terminée, l'armée se retrouve à la tête d'un imposant parc cycliste. Les machines ont énormément souffert d'une utilisation intensive et d'un entretien sommaire. On en voit le résultat : d'immenses tas de vélos mis à la ferraille.

Chaque régiment possède son groupe de cyclistes. Ici, le 144e d'infanterie présente les siens à l'occasion de sa fête en 1907.

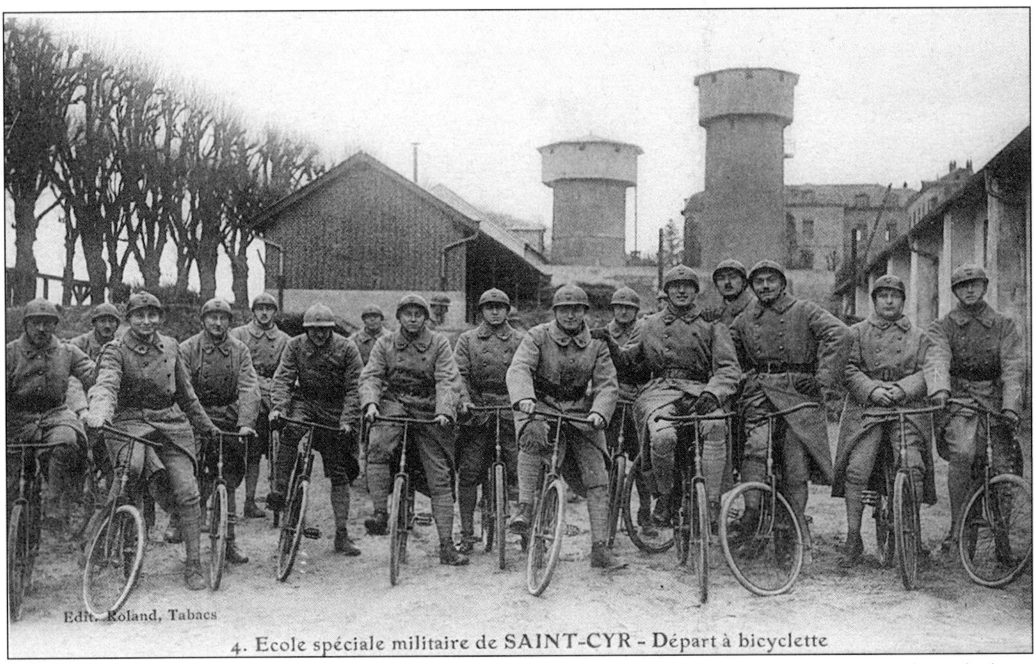

L'entraînement à la pratique du vélo est d'ailleurs dispensé à tous les futurs officiers lors de leur passage à l'Ecole militaire de Saint-Cyr. La sortie semble d'ailleurs se dérouler dans la bonne humeur, c'est aussi l'occasion de sortir de la caserne.

3

Le cyclisme

Les courses et les clubs cyclistes

Au début du XXe siècle, les courses cyclistes sont déjà nombreuses. Les revues et les journaux spécialisés, beaucoup plus nombreux qu'aujourd'hui, content par le détail le récit de Paris-Brest-Paris, de Bordeaux-Paris, mais aussi de courses moins prestigieuses. Dans les campagnes, les amateurs rêvent aux exploits des champions, les pratiquants sont de plus en plus nombreux et l'on se mesure entre amis sur des distances plus ou moins importantes. Très vite, le petit monde du cyclisme s'organise, les marchands locaux servent de relais et les courses se multiplient un peu partout en France. Les villes les plus importantes comme les plus modestes ou les plus petits villages organisent leur course cycliste, comme ici à Saint-Eloy-les-Mines. A chaque fois, ces épreuves sont suivies par une foule compacte, il est vrai qu'à cette époque les distractions sont moins nombreuses que de nos jours.

Toute la France est concernée par la grande mode de la vélocipédie, de la Bretagne à la région du Nord en passant par la Côte d'Azur. Le challenge Record disputé à Fréjus fait le plein, les routiers sont sous les ordres du starter, reconnaissable à son brassard blanc.

Retour en région parisienne, à Graville-Sainte-Honorine, pour la traditionnelle course Jean Chollet. Les coureurs sont prêts à s'élancer devant une foule nombreuse massée dans l'artère principale de la cité.

A Montoire, dans le Loir-et-Cher, le départ est donné devant le magasin de vélos de Victor Gérier, concessionnaire de la célèbre marque Alcyon. Une affiche rappelle qu'il équipe le champion François Faber vainqueur du Tour de France 1909.

C'est la foule des grands jours à Laigle, dans l'Orne. Les notables ont mis le haut-de-forme et l'habit queue-de-pie, les plus jeunes ont sorti le canotier du dimanche pour suivre la course vélocipédique marquée par l'échappée de deux coureurs.

Feuquières-en-Vimeu et ses 1 800 habitants sur le pas de leurs portes pour assister au départ de la course organisée par la Maison Angot. A cette époque, la plage du Tréport, distante d'une quinzaine de kilomètres, n'attirait pas encore la grande foule.

Des centaines, peut-être des milliers, de spectateurs se pressent dans la cité industrielle de Commentry, en Allier, route de Chamblet, pour assister à l'arrivée des coureurs de l'épreuve organisée dans le cadre de la fête municipale.

Heuilley-sur-Saône, tout juste 540 habitants, n'échappe pas à la règle. Cette petite commune de la plaine côte-d'orienne organise aussi sa course de vélos, et, après l'effort, l'heure est aux récompenses : 1er prix : une bicyclette Ricot.

Nous sommes toujours en Côte-d'Or mais cette fois dans le Châtillonnais, à Leuglay. Dans ce petit village, pas de champion, uniquement des amateurs locaux prêts à en découdre sur les 21 kilomètres entre le bourg et le chef-lieu de canton.

Si les courses de villages ne réunissent souvent que peu de participants, les épreuves disputées en ville, comme ici à Nancy, connaissent un énorme succès et l'UVF (Union vélocipédique de France) y envoie ses commissaires.

En Lorraine, l'hospitalité n'est pas un vain mot, on sait recevoir ses hôtes. Notables locaux, commissaires venus de la capitale, présidents d'associations et personnalités diverses se retrouvent autour d'une bonne table pour fêter le succès de la course.

Nancy-Joeuf est l'une des grandes classiques du calendrier lorrain. Disputée en début de saison, elle permet de juger de la forme des coureurs locaux au sortir de l'hiver. Supporters et amis sont venus nombreux pour encourager les champions.

La course entre Strasbourg et Nancy se dispute sur deux jours. Classée internationale, elle réunit les meilleurs routiers de toute l'Europe mais aussi les grosses écuries équipées par les grandes marques. Valloton sur vélo Peugeot l'emporte au sprint à Jarvillle.

A Hortes, dans la Haute-Marne, la fête patronale donne lieu à l'organisation d'une course inattendue. Ici, tout le monde a sa chance, il s'agit d'une course de lenteur. Il faut effectuer une distance donnée dans un maximum de temps, sans mettre pied à terre.

Au début du XXe siècle, les journaux spécialisés dans la cyclisme sont nombreux. *Le Vélo*, *L'Auto* et *La Bicyclette*, pour fidéliser leurs lecteurs, créent des événements comme le Paris-Bruxelles, illustré ici par une affiche signée Pal.

Les courses cyclistes sont souvent l'occasion de promouvoir un journal, une marque de cycles, c'est pourquoi le fabricant Alcyon et le manufacturier Hutchinson se sont associés pour créer une course baptisée Les Jours d'Alcyon Hutchinson. Il y a une énorme participation au départ de la deuxième étape à Honfleur.

La route est longue entre Honfleur et Le Mans. Comme toujours, les coureurs doivent s'arrêter aux différents contrôles, l'occasion de se restaurer vite fait, de se désaltérer mais aussi de se rafraîchir. La méthode est expéditive et efficace : une bonne louche d'eau froide dans le cou.

Au début du siècle, l'état des routes laisse à désirer, les crevaisons sont nombreuses, les coureurs partent tous équipés de boyaux de rechange noués autour du dos et, en fin de journée, c'est la corvée des réparations. La firme Hutchinson, dans cette épreuve qui porte son nom, distribue généreusement des boyaux aux concurrents.

Après huit jours d'efforts, les coureurs rejoignent la capitale pour l'arrivée triomphale sur la piste du vélodrome Buffalo. Comme toujours, les spectateurs se sont massés sur les gradins pour assister à l'arrivée des champions marqués par l'effort et la poussière.

Les grandes courses comme Bordeaux-Paris donnent lieu à d'impressionnants préparatifs. Avant le départ, les voitures suiveuses sont chargées du matériel de rechange nécessaire : bicyclettes, boyaux, sans oublier le ravitaillement car les coureurs partent pour 600 kilomètres.

Ces marathons de la route connaissent une telle notoriété que tous les participants espèrent bien en tirer profit. C'est le cas de Réchaux qui s'installe ensuite comme marchand de cycles et ne manque pas de rappeler aux passants ses bons résultats.

La Maison Michelin entend bien tirer profit de la victoire de Charles Terront dans le très difficile Paris-Brest-Paris, 1 200 kilomètres, que celui-là a remporté en 1891. Elle édite cette superbe carte publicitaire destinée aux clients russes.

Les cycles Coulange, installés à Nîmes, boulevard Amiral Courbet, principaux promoteurs du premier Circuit du Gard en 1906, nous offrent cette carte montrant différentes scènes de la course remportée par Guiraud.

La pratique du vélo est si populaire au début du XXe siècle que les sportifs éprouvent le besoin de se regrouper pour partager leur passion. La célèbre loi de 1901, toujours d'actualité aujourd'hui, permet de créer clubs ou associations, c'est le cas de l'Union cycliste Bailly Belloise dans l'Oise.

Même si le cyclisme est un sport individuel, les coureurs d'une même ville, d'une même région, se retrouvent le plus souvent sous le maillot d'une marque de cycles comme Alcyon, ici à Vichy où la Maison Malot est le distributeur local. C'est bien connu : l'union fait la force.

Partout le même engouement pour le vélo, pour les courses et pour les champions. Les passionnés se regroupent pour de belles sorties d'entraînement comme à Mâcon où les sportifs ont l'habitude de se retrouver sur les quais de la Saône.

A Autun, dirigeants et sportifs posent pour la photo souvenir. Pour cette occasion, on a sorti les fanions frappés des initiales du club, les commissaires ont mis leurs brassards, le photographe peut officier.

A Elbeuf-sur-Seine, en Seine-Maritime, tout le monde est présent pour la photo officielle ; tenue de course pour les sportifs, chemise et cravate pour les dirigeants. Un cliché aujourd'hui centenaire.

Rendez-vous à Châteaurenault, en Indre-et-Loire, devant le magasin du marchand de vélos Ch. Lebrun dépositaire des marques Peugeot, Rochet et Terrot, comme l'indique l'affiche au-dessus du café de la Poste.

On peut aimer le vélo mais ne pas apprécier la compétition, reste alors le cyclotourisme. Plus question de vitesse, on se promène, on découvre la campagne ; dans le Massif central, les possibilités sont nombreuses.

A Laval, en plein cœur de la Mayenne, le relief est moins pentu et, une fois encore, le magasin du marchand de vélos sert de lieu de rendez-vous pour la promenade dominicale dans le bocage tout proche.

Le Tour de France

Si le premier Tour de France fut disputé en 1903, l'idée germait dans les têtes depuis quelque temps. Elle était née sur fond de rivalité entre deux quotidiens de sport, *Le Vélo* de Pierre Giffard, vendu à 80 000 exemplaires par jour et son concurrent récemment créé, *L'Auto-Vélo*, dirigé par un certain Henri Desgrange, ancien champion cycliste. Avec un tirage quotidien de 20 000 numéros, *L'Auto-Vélo* a un lancement difficile, de plus, un procès l'obligea à supprimer le mot « vélo » de son titre.

Histoire de relancer son journal, Henri Desgrange souhaitait mettre sur pied une épreuve exceptionnelle, plus longue, plus éprouvante que tout ce qui existait jusqu'alors, quelque chose de semblable aux six jours disputés sur piste. Au cours d'un repas entre collaborateurs fin 1902, l'idée de rallier les plus grandes villes de France voit le jour, restait à convaincre le grand patron, un certain Victor Goddet, de doter la course à la hauteur des kilomètres à effectuer.

La création du Tour de France et son règlement sont publiés en janvier 1903 mais les candidats ne se bousculent pas compte tenu de la longueur de l'épreuve prévue sur cinq semaines. Finalement, en mai, la course est réduite à dix-neuf jours, et 60 concurrents se présentent le 1er juillet pour le départ, face au café Le Réveil Matin de Montgeron, devant de nombreux spectateurs. En revanche, quelques kilomètres plus loin, la traversée de Mareuil-sur-Mauldre se fait dans l'anonymat.

La ville de Brest accueille le Tour de France pour la première fois en 1906. Trois hommes se présentent en tête pour se disputer la victoire. Louis Trousselier, surnommé Trou-Trou, s'impose devant René Pottier et Georges Passerieu.

Les coureurs s'arrêtent un court instant à Sedan pour satisfaire à un nouveau contrôle au café restaurant de l'Univers.
Le propriétaire, E. Corneille, a adressé cette magnifique carte à Henri Desgrange, créateur du Tour et directeur du journal *L'Auto*.

En l'espace de cinq ans, le Tour de France est devenu l'un des grands rendez-vous de l'été. Son kilométrage et ses exploits relatés de façon très élogieuse dans la presse spécialisée font de ses coureurs des vedettes que tout le monde veut approcher.

Nous sommes en 1907, les coureurs arrivent au contrôle de Clermont. Emile Georget est très entouré, il est l'un des grands favoris et remporte d'ailleurs la troisième étape entre Metz et Belfort.

Lors de la troisième étape entre Metz et Belfort, les coursiers font une brève halte au contrôle d'Epinal. Vélos posés contre le trottoir, on se désaltère vite fait car, d'ici peu, il faudra attaquer les rampes du Ballon d'Alsace escaladé pour la première fois en 1906.

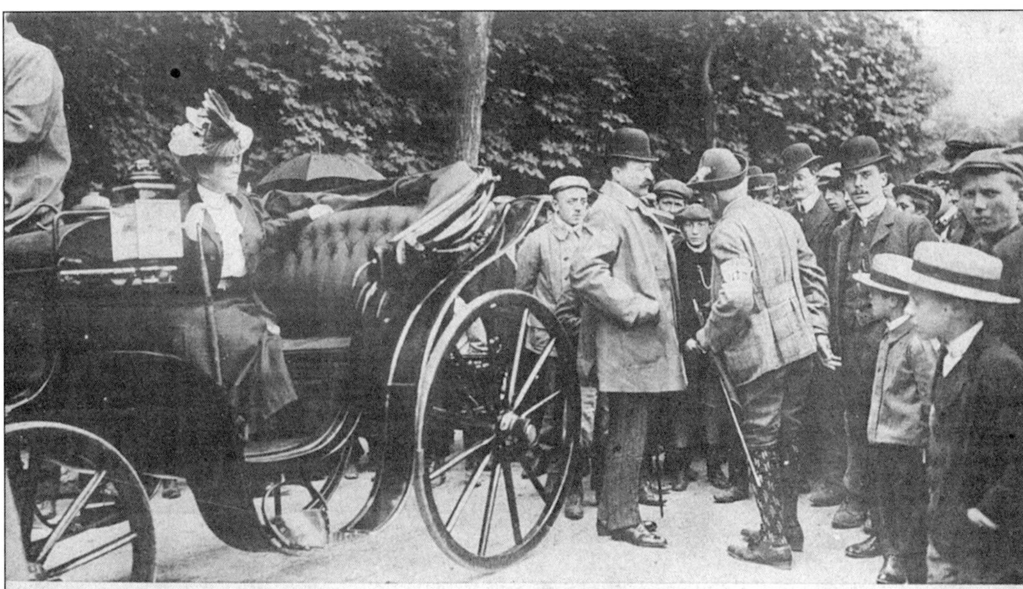

Si le Tour de France organisé par le journal *L'Auto* attire de plus en plus de monde sur le bord des routes, les aristocrates ne sont pas en reste, à l'image du comte Zeppelin qui a tenu à venir féliciter les coureurs à leur arrivée en Moselle

Le parcours du Tour de France se rapproche de plus en plus des frontières, le kilométrage total s'allonge et l'on choisit de nouvelles villes étapes : Roubaix, Metz, Belfort, où les coureurs font une entrée triomphale.

Les contrôles dressés sur la route des coureurs du Tour de France sont des endroits prisés des spectateurs, c'est l'occasion de rencontrer les géants de la route qui prennent le temps de s'arrêter pour se ravitailler, contrairement à ce qui se fait aujourd'hui.

Le Tour 1907 compte quatorze étapes, dont la plus longue, Brest-Caen (415 kilomètres), est remportée par Emile Georget. A Vire, les contrôleurs attendent avec impatience l'arrivée des échappés Georget et Petit Breton, le futur vainqueur final.

TOUR DE FRANCE 1910
Lapize et Blaise se ravitaillant au contrôle de Pont-Audemer

Le Tour de France 1907 touche à sa fin, Lucien Petit-Breton, en tête au classement général depuis l'étape de Bordeaux, pointe avec les meilleurs (Lapize et Blaise) au contrôle de Pont-Audemer dans l'Eure, encore quelques heures d'effort avant d'atteindre la capitale.

Lucien Petit-Breton touche au but, il va succéder à René Pottier au palmarès du Tour. Sa victoire ne fait plus aucun doute, la foule très compacte l'acclame lors de son passage au contrôle de Ville-d'Avray.

La sixième étape entre Grenoble et Nice est remportée par Julien Maitron, de l'équipe Le Globe, mais les spectateurs sont surtout attirés par Georget et Petit-Breton, double vainqueur du Tour de France en 1907 et 1908. Lors de la journée de repos à Nice, le coureur Adolphe Hélière est victime d'hydrocution.

Nîmes accueille le Tour 1909, la grande foule est au rendez-vous pour recevoir les coureurs partis de Nice – 345 kilomètres de distance parcourus. Le Français Ernest Paul s'impose en solitaire avec 17 minutes d'avance sur un groupe de quatre hommes, dont le futur vainqueur final, le Luxembourgeois François Faber.

La firme Alcyon a tout raflé ou presque sur le Tour 1909, elle classe cinq de ses coureurs aux cinq premières places. Cela mérite bien une photo souvenir, en tenue de ville, qui sera ensuite abondamment distribuée chez les revendeurs.

A cette époque, on n'utilise pas encore les musettes distribuées par les soigneurs comme aujourd'hui. Les coureurs prennent le temps de s'arrêter au contrôle de ravitaillement pour reconstituer leurs provisions et remplir les poches du maillot.

En 1910, pour la première fois de son histoire, après les cols des Vosges et des Alpes, le Tour de France va franchir ceux des Pyrénées. Avant d'y arriver, les étapes sont identiques avec arrivées à Roubaix puis Metz où François Faber s'impose en solitaire, raflant la première place à Charles Crupelandt.

Les Pyrénées, nous y voilà. Au programme, les cols de Peyresourde, d'Aspin, du Tourmalet, d'Aubisque. Les ascensions sont délicates, difficiles, il faut dire que les routes ressemblent à de véritables chemins muletiers, partout des pierres. Les crevaisons sont nombreuses.

Retour en Bretagne, la foule est toujours aussi compacte pour accueillir les géants de la route. Des deux cotés de la porte d'entrée du café Gloux, des affiches annoncent que le contrôle se tient là, et les gendarmes s'emploient pour laisser un petit passage aux coureurs.

Si les coureurs les plus expérimentés appartiennent à des équipes structurées, le Tour est aussi ouvert aux amateurs désirant se lancer dans cette aventure un peu folle. On les appelle les « isolés » ou « indépendants », ils se regroupent néanmoins pour bénéficier des services de soigneurs et masseurs.

TOUR DE FRANCE 1910
Lapize vainqueur du Tour de France 1910 à son arrivée au Parc des Princes

En 1910, le coureur de l'équipe Alcyon Octave Lapize, après avoir remporté quatre étapes, s'adjuge le classement général disputé aux points, il devance de peu ses coéquipiers François Faber et Gustave Garrigou.

TOUR DE FRANCE 1910
Cruchon gagnant le Tour de France Isolés à son arrivée au Parc des Princes

Au départ de cette huitième édition du Tour, trente coureurs rivalisent avec quatre-vingts « isolés » bien souvent livrés à eux-mêmes. Certains s'en sortent bien, comme Charles Cruchon qui termine cinquième. Seulement 41 coureurs finissent classés.

Lors du Tour 1911, quatre fabricants de vélos engagent des équipes mais, une fois encore, c'est Alcyon qui l'emporte. Ce concessionnaire des cycles Le Globe préfère rappeler le tir groupé de ses coursiers avec, notamment, sept coureurs classés sur les dix engagés, parmi lesquels : Dupont (9e), Devroye (10e), Lambot (11e).

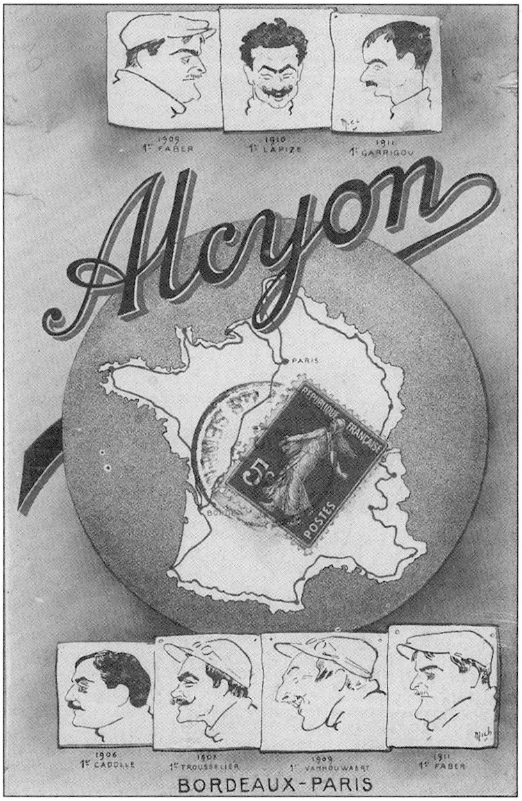

De son côté, la firme Alcyon, qui a tout raflé, entend bien tirer profit de ses succès. Elle édite de superbes cartes postales présentant ses champions croqués par le célèbre illustrateur périgourdin Mich, de son vrai nom Michel Liébeaux, collaborateur occasionnel de nombreux journaux et magazines.

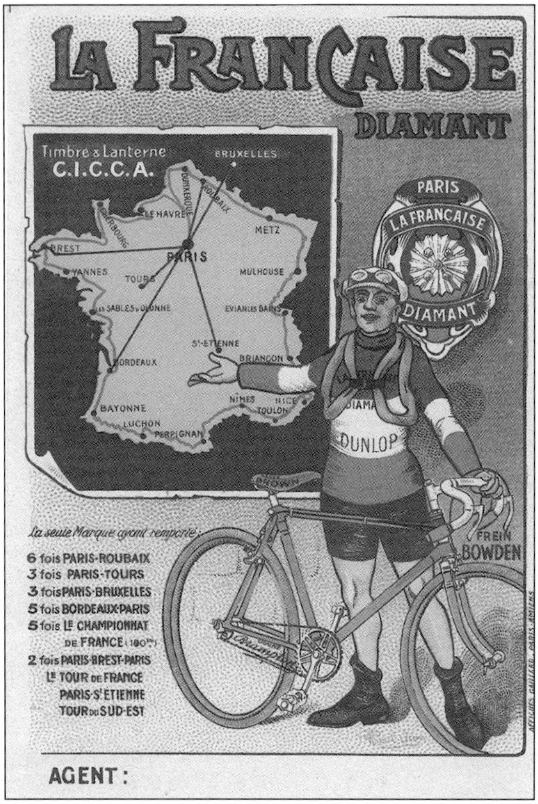

Si la victoire sur le Tour semble fuir La Française Diamant, ses victoires sur les autres grandes épreuves, Paris-Roubaix et Bordeaux-Paris notamment, sont nombreuses comme le rappelle cette superbe carte dessinée par Raoul Vion.

En dix ans d'existence, le Tour de France a acquis une notoriété incontestable et les marques de cycles sont de plus en plus nombreuses à vouloir être présentes à ce grand rendez-vous sportif de l'été. En 1912, les marques régionales J.-B. Louvet et Armor apparaissent.

Les courses sur piste

Cliché Barenne

Les premières courses sur piste datent de la fin du XIXe siècle. A cette époque, les vélodromes sont encore peu nombreux mais, très vite, il va s'en créer un peu partout, notamment dans la région parisienne. Le premier en 1889, à Courbevoie, ne fait pas recette, sa piste (500 mètres) est trop longue.

Quatre ans plus tard, en avril 1893, le vélodrome Buffalo voit le jour dans le quartier de la porte Maillot, avec une piste en ciment de 333 mètres aux virages peu relevés. Cette nouvelle installation est financée par un certain Clovis Clerc, directeur des Folies Bergère. Il ne connaît rien au cyclisme mais est conseillé par Henri Desgrange, un coureur cycliste qui rédige régulièrement des articles dans la presse spécialisée. La même année, le vélodrome de la Seine ouvre ses portes à Levallois, une piste de 500 mètres en bois. Toujours en 1893, création d'un nouveau vélodrome rue de Suffren, le vélodrome d'Hiver, avec une piste courte et spectaculaire de 333 mètres.

En ce début de siècle, le vélo compte de plus en plus d'adeptes et, tous les dimanches, les courses s'enchaînent sur les vélodromes de la capitale. Les épreuves de vitesse sont les plus prisées du public, il faut dire que les vedettes locales n'hésitent pas à défier plus grands champions français et étrangers.

Disputer des courses sur trois ou quatre tours de piste, c'est bien, mais les spectateurs en veulent toujours plus. Les champions font donc appel aux tandems pour être entraînés à vive allure dans des courses de plus en plus longues, et l'on voit apparaître des équipes soutenues par les grandes marques de cycles.

Pour varier les plaisirs, les organisateurs ne cessent d'innover. Après les épreuves de vitesse et les courses de fond sur plusieurs dizaines de kilomètres, apparaissent les courses aux primes, distribuées tous les quatre ou cinq tours aux trois premiers coureurs franchissant la ligne. Il n'est pas rare de voir trente coureurs en piste.

A chaque réunion dominicale, la foule se presse, toujours plus nombreuse, pour assister aux exploits des champions. Les tribunes, décorées d'oriflammes et de drapeaux tricolores, sont bondées, et chaque passage de coureurs est salué par de nombreux cris et applaudissements.

Le Vel'd'Hiv est l'un des lieux de sortie très prisés dans la capitale. Les murs de Paris s'ornent de très belles affiches rappelant les rendez-vous, tous les dimanches à 14h30. (Affiche de J. Cancaret.)

Après le vélodrome de l'Est et la piste de Vincennes créés en 1894, la commune de Boulogne-Billancourt construit le Parc des Princes. Très vite, il devient l'un des lieux de rendez-vous de la capitale, on s'y bouscule bien avant l'heure d'ouverture des guichets afin de ne rien manquer du spectacle.

Pour être fin prêt pour le jour de la course, les pistards viennent s'exercer régulièrement dans un vélodrome vide avec leurs entraîneurs pour seuls spectateurs qui, chronomètre en main, dispensent leurs conseils.

Parmi les principales attractions, les courses de tandems. Les routiers Masi et Vignaux, qui avaient fait merveille comme entraîneurs sur les épreuves de grand fond, n'hésitent pas à défier des équipages composés de champions mais échouent souvent face à des équipes rodées à cet exercice.

Si les vélodromes parisiens font le plein tous les dimanches, ceux de province, très nombreux – on en compte une centaine sur toute la France –, ne sont pas en reste. Les coureurs cyclistes sont en général des amateurs locaux, comme ici à Bourg-en-Bresse.

Ces anneaux de ciment aux virages plus ou moins relevés en fonction de leur longueur permettent aux amateurs de venir s'entraîner avant de partir ou en rentrant du travail. Ici, à Reims, les fidèles sont au rendez-vous. A noter aussi les panneaux publicitaires pour de la bière et des biscuits roses.

Au début du siècle dernier, chaque département possède au moins un vélodrome, bien souvent dans les grandes villes. Mais il n'est pas rare de voir de petits bourgs avoir, eux aussi, une piste réservée aux cyclistes, à l'exemple de La Réole, 4000 habitants, chef-lieu de canton de la Gironde.

Partout, les réunions sur pistes se multiplient, avec toujours le même engouement. Tout l'Aveyron se retrouve autour du très champêtre vélodrome du bourg de Cransac, tout juste 5 000 habitants. Les tribunes sont pleines, on a sorti canotiers, ombrelles et chapeaux de paille.

Montluçon, sous-préfecture de l'Allier, a aussi son vélodrome, et les réunions dominicales attirent la grande foule. En 1956, cette ville sera sous les feux de la rampe : un enfant du pays, Roger Walkowiak, ancien ouvrier d'usine, remportera le Tour de France, mettant fin au règne de Louison Bobet.

Le village de Champagne-sur-Seine, en Seine-et-Marne, connaît l'affluence des grands jours lors des courses sur piste. Il est vrai que l'on n'est pas très loin de Paris, et les pistards les moins bien payés viennent rafler quelques prix face aux coureurs locaux.

Le vélodrome de La Flèche, dans la Sarthe, est un lieu de rendez-vous très prisé des coureurs, les épreuves y sont nombreuses, de plus le public répond toujours présent et fait preuve d'un bel enthousiasme.

A Montargis, le vélodrome est un lieu très apprécié des amateurs de cyclisme, il n'y a qu'à voir ses travées pleines à craquer d'un public impatient de voir les pistards en découdre. Les jeunes locaux essaieront de rivaliser avec les coureurs les plus huppés.

Bousculade également à l'entrée du vélodrome de Roubaix construit en 1895. Tous les dimanches, il est le théâtre de courses animées réunissant les meilleurs pistards du moment : Ellegard, Jacquelin et le major Taylor.

Sur le vélodrome de Lisieux, dans le Calvados, les meilleurs coureurs normands se retrouvent. Les officiels ont sorti les canotiers et les chapeaux melon. Chez les coureurs, on notera la grande variété de guidons.

Le vélodrome de Tournon-sur-Rhône, en Ardèche, connaît également de grosses affluences, notamment pour les courses aux points disputées sur plusieurs dizaines de tours. A cet instant précis, le compte-tours installé au bord de la piste indique encore 32 tours à effectuer.

Grande foule autour de l'anneau de Roanne. Il faut dire que Dupré, le champion local, tient à rester maître chez lui. Cela donne lieu à de belles empoignades, pour le plus grand plaisir des spectateurs foréziens.

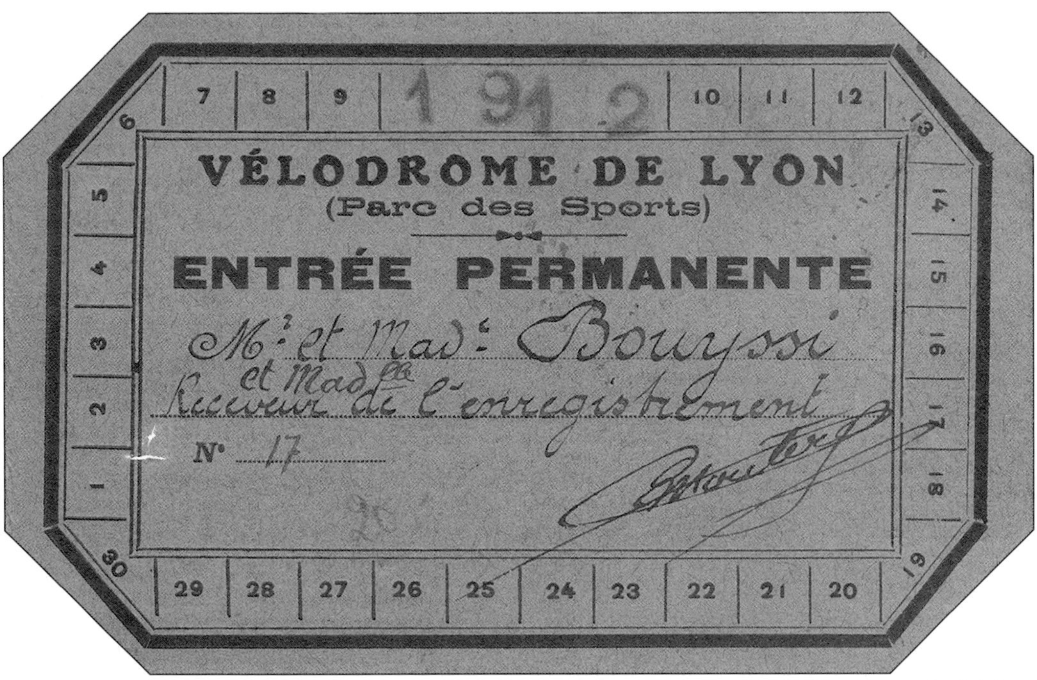

Des spectateurs si assidus que les organisateurs ont mis en place, non pas des cartes de fidélité mais des cartes d'entrée permanente. Un bel exemple avec le vélodrome de Lyon qui a programmé trente réunions pour l'année 1912

COURSE DES 6 JOURS DE PARIS. — HOURLIER, GAGNANT DE LA COURSE SUR PNEUS HUTCHINSON, SE REMET EN PISTE. *Édition du Pneu Hutchinson*

Au début du siècle dernier, l'essentiel des courses cyclistes a lieu sur piste : courses de vitesse mais aussi courses d'endurance sur 1 000 kilomètres ou sur six jours disputées par équipe de deux coureurs qui se relaient sans cesse durant 144 heures.

LES 6 JOURS DE PARIS. – COMÈS PREND UN REPOS BIEN GAGNÉ ; MÊME AU LIT, IL EST SUR PNEUS HUTCHINSON. *Édition du Pneu Hutchinson*

Durant ces courses de longue durée, très éprouvantes, les pistards ne quittent pas le vélodrome. Ils se reposent dans de petits endroits qui leur sont réservés au centre de la piste appelés « cagnas », où sont disposés un lit et du ravitaillement.

Durant l'été 1907, l'Union vélocipédique de France organise les championnats du Monde au Parc des Princes. Tous les meilleurs spécialistes de la piste sont là : Poulain, Darragon, Walthour, Jacquelin et Huret.

L'heure de la finale est arrivée. Les trois champions vont s'affronter. Dernières consignes de leurs entraîneurs sous le regard des officiels ; dans les tribunes, le public toujours très nombreux retient son souffle. Finalement, le Dromois Emile Friol l'emportera.

Dans l'épreuve du demi-fond disputée sur 100 kilomètres, le Français Louis Darragon conserve son titre acquis l'année précédente sur le vélodrome de Genève. Recordman du monde de l'heure derrière moto avec 87,859 kilomètres en 1904, il laisse le Belge Verbist loin derrière.

Au début du XXe siècle, les défis entre coureurs ou équipes étaient fréquents et toujours sur des distances incroyables. Les coursiers n'hésitaient pas à s'affronter sur des centaines de kilomètres, ce qui nécessitait la présence de nombreux entraîneurs.

Si en Europe les courses sur piste sont très populaires, elles connaissent également un énorme succès aux Etats-Unis où un certain Taylor surclasse tous ses adversaires. Après bien des sollicitations, il débarque finalement sur le Vieux Continent et toutes ses confrontations avec les vedettes européennes donnent lieu a de sévères bagarres.

La piste est une affaire de spécialistes mais les routiers n'hésitent pas à y venir, notamment sur les courses de longues distances, comme le Poitevin Emile Georget entraîné par un tandem composé de deux pistards renommés.

Parmi les différentes épreuves disputées sur piste, le demi-fond ou course derrière motos disputée sur des kilométrages importants. Le coureur, appelé « stayer », atteint des vitesses élevées ; abrité derrière son entraîneur, il se place au plus près de ce dernier pour réduire la prise au vent.

Le départ vient d'être donné aux coureurs qui se placent immédiatement dans le sillage de leurs entraîneurs. C'est parti pour plusieurs dizaines de tours de piste dans un vacarme infernal où se mêlent encouragements des spectateurs et bruits de moteurs.

Cliché Chuzi

ROBL, coureur allemand derrière son tandem infernal

Les stratégies des courses derrière motos sont très particulières, il s'agit de rester le plus près possible de son entraîneur qui vous protège du vent par sa position verticale, en évitant le plus possible les turbulences provoquées par vos adversaires, et tout cela à des vitesses élevées proches des 100 kilomètres/heure.

Cliché Caudrilliers

BRUNIER sur bicyclette LUCIFER derrière LAUTHIER bat le record du monde de l'heure à Montléry 1er Novembre 1925 (120 klm. 958)

Dans ces courses, le rôle des entraîneurs est primordial. Ils sont constamment aux ordres des coureurs qui leur demandent soit de ralentir soit d'accélérer en fonction des circonstances de course, mais toujours avec une certaine souplesse car une accélération trop sèche sortirait le coureur de l'abri.

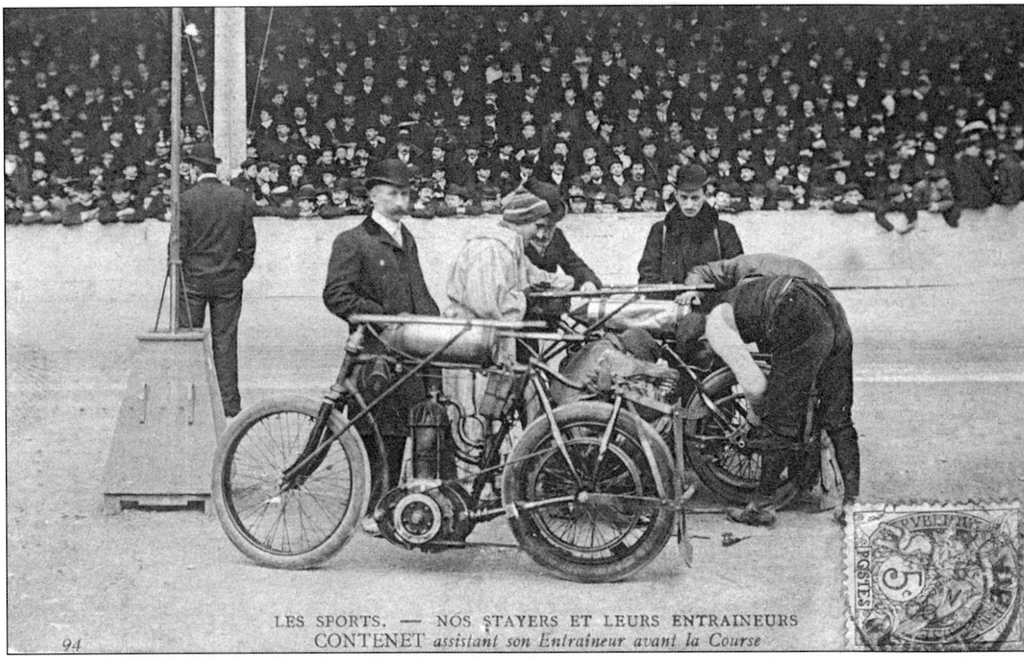

Pour ces courses de demi-fond de début du XXe siècle, les motos des entraîneurs subissent quelques transformations. On installe notamment un rouleau de petit diamètre monté sur roulement à billes, cela empêche le coureur de tomber s'il vient à toucher la moto. En cas de touchette, le rouleau se met à tourner et la chute est évitée.

Les stayers sont bien sûr des casse-cou. Plusieurs d'entre eux ont payé de leurs vies des accidents survenus en course avec des causes diverses : une crevaison de la moto ou du vélo, synonyme de lourdes chutes, un incident mécanique sur la moto, voire un accrochage entre concurrents.